快乐成长:
陪孩子度过10-18岁
青春叛逆期

肖福新　著

中国纺织出版社

图书在版编目（CIP）数据

快乐成长：陪孩子度过 10-18 岁青春叛逆期 / 肖福
新著 .-- 北京：中国纺织出版社，2020.5
ISBN 978-7-5180-4808-3

Ⅰ．①快…　Ⅱ．①肖…　Ⅲ．①青春期－家庭教育
Ⅳ．①G782

中国版本图书馆 CIP 数据核字（2018）第 050053 号

责任编辑：邢雅鑫　　责任校对：江思飞
责任设计：师卫荣　　责任印制：储志伟

中国纺织出版社出版发行

地址：北京市朝阳区百子湾东里 A407 号楼　邮政编码：100124

销售电话：010 － 67004422　传真：010 － 87155801

http://www.c-textilep.com

官方微博 http://weibo.com/211988771

天津千鹤文化传播有限公司印刷　各地新华书店经销

2020 年 5 月第 1 版第 1 次印刷

开本：710×1000　1/16　印张：9.25

字数：127 千字　定价：36.8 元

前　言

　　青春期的孩子是清晨还挂着露珠的花苞，几许清纯中夹着几许羞涩；青春期的孩子是试飞的雏燕，想要高高飞翔却又有几分胆怯。青春期是人生最美的花季，这个花季只有一次。父母需要更加细心地呵护好花儿般的孩子，使其茁壮成长、成才。

　　迈入青春期的孩子，身心有了多方面的巨变，其中有一个最显著的特征，即叛逆心理较强。因此，人们又把青春期称为青春叛逆期。在父母的眼里，孩子越来越不听话了，能明显感觉到，原本乖巧、听话、懂事的孩子开始变得狂躁、偏激、爱顶嘴，动不动就"抗旨不遵"。请不要惊慌，这说明孩子正处于青春叛逆期。青春叛逆期是孩子自我发展的必经过程，也正是在这个时期，孩子开始慢慢变得独立并逐渐走向成熟。

　　处于青春叛逆期的孩子真的没什么道理可讲，很容易情绪失控，父母的"指指点点"反而会增加孩子的反叛情绪。其实，孩子的叛逆并不是什么滔天大罪，只是孩子与父母看待事物的观点不同而已。但青春叛逆期孩子的教养却是有着一定难度的，父母的教育方法也是导致孩子叛逆的重要原因。因此，许多父母感到青春期的孩子特别难教育，陷入了无尽的困惑中。一些父母对孩子过多干涉或强行支配孩子的行为等，反而会引起孩子强烈的不满和抵制，所以父母教育叛逆期的孩子更要注意方式、方法。

　　似乎每个父母都不想听到"叛逆"这个名词，对孩子的叛逆感到困惑、抱怨、伤心。其实，所谓的叛逆是孩子的成长印记，是孩子心理走向成熟的过渡阶段，因此，这一时期又被称为"心理断乳期"，其实质是孩子从心理依附于父母到走向独立。如果你的孩子太听话，从未有任何的叛逆，未见得是好事。面对孩子的叛逆与不安，父母唯有稳住自己，多点耐心，才能当孩子的引路人，陪他们走过这段成长之路，不被青春的浪头淹没。青春期的少男少女，身心出现了巨大的变化，他们想证明自己的独立，想争取更多自主权，同侪的影响日渐大过父母……他们有时闹别扭、叛逆，让父母不知所措；有时流露的沉稳与自信，又让父母惊喜。面对不再如以往温顺的孩子，父母该如何自处呢？

青春期叛逆对孩子来说未尝不是一件好事。教养青春期孩子其实并不难，难就难在父母放不下自己的身份。因此，本书试图引领父母正确看待青春期孩子的成长和转变，走出家庭教育的误区，及时调整自己的教养角色，用爱和智慧陪伴孩子，引导孩子快乐成长，帮助孩子消除青春期的烦恼，并锻炼出发达的心理肌肉，从而顺利走过青春期这个关卡。

肖福新

2019 年 3 月

目　录

第7章　父母要与孩子一起成长

第1章

叛逆也是
一种成长

　　自从孩子进入青春期后，父母发现，孩子的脾气大了，爱顶嘴，凡事就爱跟父母拧着干……

　　"孩子怎么越长大越不听话，你说孩子不听话，孩子还说你'不懂他'呢！"其实，叛逆不是孩子的错。所谓的叛逆，其实是孩子在成长，是孩子在迈向成熟、迈向独立过程中的表现。孩子在用成长向父母昭示：爸爸妈妈，我长大了。

谁的青春不叛逆

一位爸爸这样形容正读初二的儿子："他最近对我的意见特别大，总让我捉摸不透，他就像一个矛盾的集合体，前一刻钟，他还在说这个世界很美好，过不了几分钟，他就会说这个世界很无奈；有时他会说他妈妈做的饭菜不可口，要不就是因为自己的衣服搭配而不顺心……他几乎天天拉着脸，甚至还故意摔门，把东西碰得叮当响给我们看，后来我斥责了他几句，他一个小男子汉居然哭起来了，接下来三天都没和我说话。总之他就像一颗随时都会爆炸的炸弹，不经意的一句话就可能引爆。"

这位爸爸说出了青春期孩子的整体特征：不定性、叛逆、爱发脾气，一点小事就能影响他们的情绪，令人难以捉摸。面对这样一个完全陌生的孩子，很多父母因为不知道该如何去教育，而感到恐慌和无奈。

叛逆是青春期孩子的共性。孩子叛逆，并非孩子的品性出了问题，也不见得是家庭教育出了问题。孩子就如同孙悟空大闹天宫，让父母们担忧又无奈。读过《西游记》的父母都知道，孙悟空做了弼马温，本来辛勤诚恳地工作。后来在得知弼马温是个"没有品"的官时，立马要做"齐天大圣"。这是青春期叛逆的一条显著表现，即对社会地位欲求不满。由于"成人感"的形成，他们从心理上过高地评价自己的成熟度，要求与成年人拥有平等的社会地位，渴望社会给予他们尊重，要求父母给予他们决策权，不甘总是居于从属地位，反对父母的束缚和干涉。在这个过程中，孩子会逐渐建立自己独特的个性，成就一个完整的自我。

如果父母一味否定青春期的孩子，他们的自尊和自信必然要遭受严重的打击，内心的沮丧、失望、痛苦、愤怒会汇集成一股强烈的攻击冲动，需要通过某种方式将这股负面情绪宣泄出去，同时，不甘和委屈也使得他们将这种攻击指向家长——"既然你让我这么痛苦，我也要让你痛苦一下，好让你知道这是怎样的滋味！"

微软联合创始人比尔·盖茨是无数年轻人心目中的偶像。但据盖茨的父亲威廉·盖茨透露，盖茨在青春期非常叛逆。

从 11 岁开始，盖茨就经常向父母问一些关于国际事务、商务和生命本质的问题。父亲威廉·盖茨对此并不介意，但母亲玛丽对此表示反感。玛丽认为盖茨真正应该做的是保持房间干净、按时吃饭、不要咬铅笔，而不是关心那些"与他无关"的问题。

在盖茨 12 岁那年，母子二人在饭桌上爆发了一场激烈的争吵。当时全家人在吃晚饭，任性莽撞的盖茨再次冲母亲大喊大叫，言语中透露着不敬。一向好脾气的威廉·盖茨再也坐不住了，他顺手将一杯冷水泼到盖茨的脸上。盖茨则愤愤地说："感谢你们给我洗澡。"然后离开饭桌，把自己关在卧室里。

威廉·盖茨和玛丽以为盖茨出现了心理问题，便带着他去看心理医生。盖茨对心理医生说："我正与想控制我的父母爆发冷战。"

在与盖茨沟通后，心理医生告诉威廉·盖茨和玛丽，盖茨并没有心理问题，只不过是青春期的逆反而已。心理医生建议他们最好减少对盖茨生活上的干涉，因为这是盖茨的"独立战争"，并且盖茨最后总会取得胜利。

心理医生的一番话让盖茨的父母醒悟过来。威廉·盖茨出生于布雷默顿一个工人家庭，从小生活就很艰难。他说："儿子的成长环境与我那时截然不同。我开始认真反省自己的行为以及与孩子的相处之道。"

最后，盖茨父母选择放手。从 13 岁开始，盖茨便拥有罕见的独立自主性。没有束缚的他逐渐意识到："我没有必要只在父母面前证明我自己，而是要向这个世界证明我自己。"

在盖茨提出从哈佛大学退学时，盖茨父母都采取了默认态度。毫无疑问，从名校辍学创业是一个艰难的决定。盖茨父母坦承自己"与所有家有孩子在大学求学的父母一样，我们对盖茨的期待也是希望他顺利拿到学位"，但他们并没有反对。退学后的盖茨只身来到新墨西哥州的阿尔伯克基，并创建了微软。

父母应该尽量给予青春期的孩子以尊重，当面对孩子的叛逆不知所措时，不妨以退为进。例如，提供自己的经验、想法给孩子参考，然后放手让孩子自己分析、考虑后果，再做出决定，只要他的决定不影响他人即可。那么经过一次次的历练，孩子也能学会承担自己的选择带来的后果，并从失败中累积经验，以便下次做出更明智的选择，主动提高自我。

父母要学会适时放手，培养孩子独立思考的习惯，同时用温柔与坚定的话语，帮助孩子易失控的言行踩煞车。

首先，父母需要转变观念。进入青春期的孩子有了初步的自我意识，渴望成为独立的人。因此，父母应懂得用平等和尊重的态度和孩子相处，把孩子当成人来看待，认可和欣赏孩子。

其次，父母需要改变家庭教育观念。父母总是习惯于站在教育者的立场对待子女，缺乏对双方之间互动关系的认识：缺乏对孩子自我发展的成长特性的了解，不能满足孩子发展的需求，因而表现得困惑、不知所措。因此，父母必须适应孩子的成长，及时更新教育观念和态度。

再次，父母应该正视这段时期内亲子关系的变化。青少年经历青春期的叛逆后逐渐走向自主自立，他们不会再处处依赖父母。因此，父母要理解孩子对独立的渴望，给予孩子一定的空间。

叛逆是孩子的独立性表现

对待青春期孩子的逆反叛逆，父母既要正确对待，又要合理地加以引导，使孩子顺利度过叛逆期，走向成熟。父母应在理解的基础上，对孩子的天性采取正确的方式、方法加以引导。

叛逆是孩子独立性的表现。孩子进入青春期后，非常渴望独立，希望父母把自己当大人看待。由于他们这时已经具备了与父母对抗的能力，所以开始表现出对父母的逆反。青春期孩子需要学会思考，学会一天天的独立，叛逆正是孩子向大人转变的开始，是孩子从完全依赖父母走向独立、走向成熟的必经阶段，这是一种心灵自我完善的过程。孩子如果一直毫无主见地服从父母，也就不会有创造性，这样的孩子可能永远都不会走向独立和成熟。叛逆的孩子最大的优点，就是具有独立性和敢做敢闯的品格，如果引导得好，进入社会后往往能成为干大事的人。

任何事物都有其两面性，青春期孩子的叛逆也是如此。叛逆的孩子更有个性，更不会拘泥于既往，更有创新意识；叛逆的孩子敢于突破旧有的束缚，勇于闯出属于自己的一片天地，成为卓越者。相信每个父母都不希望孩子只是成为自己的翻版，没有自己的个性。所以，父母应该顺应孩子的成长规律，走进孩子的心灵，正视他们的变化和叛逆行为，用爱心来扶植，用正确、冷静、宽容的心理给孩子一个走出叛逆期的时间和出口，更好地保护孩子的天性，不要让彼此的心走得太远。

父母应该学会放手，让孩子学会为自己的行为承担后果，学会在风雨中成长强大，学会忍耐，学习解决问题的方法，而不是遇到什么事都先躲到父母的翅膀底下。父母应学会适当"放养"孩子。

适当放手，给孩子成长的自由空间，让他细细观察一切事物，慢慢尝试该做的事情，然后自己决定去做什么、如何去做。毕竟，成长是孩子自己的事情。

实际上，孩子在该叛逆的时期叛逆是件好事，这是孩子的天性使然。孩子顺利度过这个心理断乳期之后，就会从幼稚走向成熟，拥有一个完整的"自我"，有了这个"自我"，孩子就能主动开始承担责任，就会用各种方法和手段去确立这个"自我"与外界的平等地位，明确自己的具体目标。

不叛逆的孩子未必有出息

"听话，乖。"这是妈妈教育 3 岁宝宝的口头禅。父母都期望教育孩子可以少操心，孩子循规蹈矩，遵守纪律，听老师的话……这样"懂事"的"乖孩子"，自然很受家长和老师的喜欢。而当孩子表现得调皮、淘气、叛逆时，就会被认为"不乖"，会受到批评、责怪。但很少有人想到，叛逆期听话的孩子，内心很可能埋藏了一粒"压抑"的种子。

孩子"听话"是好事，但是过于听话的孩子也可能在压抑自己。孩子的"听话"可能建立在孩子有话不敢讲，有想法不敢付诸行动的基础上。孩子可能压抑着自己内心真实的需要和感受，去迎合父母和老师的需要。这样的"好孩子"，身上很容易带着"大问题"。

小丽在当地颇富盛名的高中读高一，父母每每谈起女儿都相当自豪。可老师发现，第二个学期时，小丽经常会在课上到一半时，因为莫名其妙的疼痛要到校医务室检查或休息。一开始是一星期一到两次，后来竟然天天都要到校医务室报个到。奇怪的是，她有时是头痛，有时是胸闷，有时是胃痛，有时却说不清哪个部位难受，但只要在医务室躺几节课就好了。小丽缺课越来越频繁。老师看这样不是办法，于是和她的父母联系，请父母带她去医院检查，结果折腾来折腾去都没有查到病因。后来，小丽开始在家休养。

不知所措时，父母带女儿到心理咨询门诊就诊，心理医生分析小丽这种情况可能是忧郁症的前兆，需要进行一段时间的心理辅导。于是心理医生试图与小丽接触。会谈初期，小丽很配合，有问必答。在一次谈话中，心理医生拿出蜡笔与图画纸让小丽随意涂鸦。小丽拿起笔，停顿了很久才开始画了起来，不到半个小时，小丽泪如泉涌，沾湿了画纸。画纸上，小丽画了一个带着面具的小丽，很像小丽自己，面具像在燃烧着，呈火焰的样子。小丽告诉心理医生，她要烧掉这副面具，戴着面具生活让她透不过气来了。

原来，多年来，小丽一直在努力扮演着父母和老师们口中的"好孩子"的角色。初中毕业后她本想考中专学习动漫，鼓起勇气告诉父母自己的想法，却被父母拒绝，要她到了大学再考，中专学不到真东西。之后小丽就不再提起，顺从父母的心意升上了普通高中。高中时，小丽继续扮演着"好孩子"角色，但内心却因不喜欢高中的课业而万分痛苦。可小丽觉得这个痛苦不能说出口，因为说了自己就成了"坏孩子"，小丽不想让父母担心，或被老师们认为是偷懒、不努力。

这些不能言说的情绪，往往会通过身体病痛表达出来。父母不要以为孩子在装病，身体能诚实地反映最真实的现状，症状是内在情感的表现。

为了得到父母的爱、老师的表扬，许多孩子宁愿牺牲自我，即便心中百般不情愿也默不作声，一直扮演着"听话的孩子"的角色。一旦失去父母的指点，就会变得茫然。孩子表面上的乖巧、顺从、懂事与成熟，其实只是孩子在掩饰自己。

父母一味要求孩子听话，要求孩子规规矩矩，百依百顺，可能会使孩子失去独立性，失去创造力。如果父母对孩子限制过多，管得过宽，孩子就会逐渐养成对父母的依赖，这并不是件好事。

当被问及"你要喝什么"时，回答"我想喝咖啡"或"喝红茶"的人可能比回答"随便什么都行"的人，在社会上更有作为。因为他们遇事更有主见，敢于表达自己的主张，敢于颠覆传统的规矩。如果你想让孩子变成一个能适应社会、改造社会的英才，就应该培养孩子的独立精神，允许孩子有"不听话"的权利。

相关研究证明，"淘气"的孩子往往具备更好的创造力、独立性。这类孩子往往接触面广，大脑接受的刺激多，他们学会了独立思考，对常规的事情容易产生疑问，并且勇于挑战，常有富有创造性的想法和创举。因此，给孩子一点"不听话"的权利，对激发孩子的创造力好处多多。

创造需要一定的时间和空间。如果父母对于青春期的孩子束缚太紧，无异于扼杀了他们的创造力。因此，请你给孩子更多的时间和空间，不要限制他们的"淘气"，让他们充分地展现自我，给他们提供广阔的成长空间。

给孩子留出叛逆的空间

表面看来，青春期的孩子好像故意排斥父母，不愿意接受父母的帮助，跟父母越来越疏远，但其实这是孩子成长的需要——孩子的内在需要独立。这时候，如果父母宽容地对待他，鼓励、支持他尝试，同时又能坚持清晰的行为界限，他就有机会体验由内而外的和谐一致，发展出足够的信心和能力进入社会。

父母能给予孩子最好的支持就是相信孩子的判断，欣赏孩子，并且鼓励他们自我欣赏。父母要顺应孩子成长的需要，帮助孩子自主自立，慢慢放手，信任孩子，舍得让他经历成长中遇到的挫折甚至痛苦，帮助他发展出更多美好品质，坚持、有韧性、勇敢、灵活、耐心……让他体验生命的丰富多彩。这里的"放手"不仅指外在，让孩子做自己力所能及的事情，还包括内在，接受并允许孩子长大、独立、分离。

有一位妈妈非常看不惯儿子穿裤子的样子，因为儿子老把裤腰穿得特别低，一副裤子要掉下来的样子，说了几次孩子都不改。有一回在家中，妈妈伸手就把孩子的裤子往下拽，没想到不只外裤被拉下来，连内裤也一起被拉下来。孩子在众人面前出了洋相感到很尴尬，以后每当妈妈靠近，孩子就马上提高裤子。这位母亲还有点得意，认为这招不错。

　　其实，若从孩子的角度来看，这样极端的让子女出丑的方式，对孩子的情绪伤害是非常大的。这一伤害将会给他们的母子关系带来负面影响，这位妈妈实在是"赢了小战役，却输掉大战争"。更何况，谁知道孩子在外面母亲看不到时又是怎么穿的，会不会阳奉阴违呢？做父母的倒不如退一步海阔天空，给孩子一些安全的叛逆空间。尊重孩子的穿衣习惯，同时适时教育孩子更得体的穿衣方式，减少冲突、增进和谐。

　　孩子的成长需要空间。青春期的孩子更需要父母给他们留出叛逆的空间。在这个空间里，允许孩子的反叛，反叛父母、反叛环境、反叛他自己。青春期孩子的内心总有莫名的焦虑在翻涌，他们也无法掌控。

　　青春期孩子"化茧成蝶"的过程，既是反抗父母的战争，也是与自我的抗争。少男少女们的成长必须经历一个长大成人的转机，这是为人父母必须面临的一道门槛。正如宇宙飞船即将落地之时，此时飞船快速与大气层摩擦，会与控制中心失去联络，这是最危险、最令人担心的时刻。只有等宇宙飞船安全降落了，大家才能把悬着的心放下。青春期也是让父母担忧的危险时刻。但是父母要学习如何在收放之间拿捏得有智慧，尽量说"好"，少说"不"。

　　父母要选择和青春期的孩子一起成长，并给孩子留出叛逆的空间，这是父母智慧的选择。父母的体力和精力都是有限的，在安全的范围内，不妨将紧闭的门打开一些，给孩子一些空间，可能孩子会犯一些小错误，但是因为父母对他们的信任和尊重，让他们有机会从错误中汲取教训，逐步成熟起来。

谨防代沟撕裂亲子关系

常听家长如此抱怨："孩子越来越大，却越来越不听话了。"

常听孩子如此诉苦："父母一点都不理解我们，什么都要听他们的，我都烦死了。"

这是危险的信号，表明家长与孩子之间出现了代沟。什么是代沟，简单来说就是不同年龄的人因思想观念上的差距造成的心理距离，就像沟一样，隔开这一代与下一代的人，影响了两代人之间的理解和沟通。

有人认为代沟的责任在于父母。父母用他们过时的思想来引导孩子，会使处于叛逆期的孩子感到反感。父母以长者自居，认为不管怎样自己都是有道理的。因此，他们没能很好地与孩子沟通，与孩子之间产生了代沟。孩子都希望自己能有理解自己的父母，希望能向他们述说自己的烦恼。可每当这时，父母要么觉得自己的孩子是受到了什么不良习气的影响，要么觉得这样的烦恼完全是不足为道的。这样下去自然会使孩子无法与父母沟通，加深了孩子与父母之间的代沟。

有人认为代沟的责任在于孩子。如今的社会纷繁复杂，出于对孩子的保护，父母会用自己的想法来指引孩子成长。而孩子却对此嗤之以鼻，认为父母的观点很俗套，不适应现在的生活环境，孩子也就不愿意向父母敞开自己的心扉，不愿意跟他们交流，只希望父母能单方面理解自己，自己却从未想过去理解他们。当父母尽他们最大的努力来跟上孩子的思维时，孩子却选择离他们而去。

其实，我们不应把代沟的责任简单地归结于父母或孩子。俗话说，一个巴掌拍不响。代沟往往是因为父母与孩子之间缺乏沟通而产生的。只有通过沟通，才能化解彼此之间的代沟。

李明是一名初二学生，父亲经常在外出差，很少管教他，平时在家照顾他的只是母亲。母亲经常对他约法三章，不允许打游戏，不允许看小人书，不允许看电视……对此，李明很是反感，母亲说什么都听不进去，还事事与她对着干。母亲为此苦恼万分。这天，父亲出差回来，他把自己在出差途中的艰辛与苦涩的经历告诉李明，李明听后很受感动，他当即表示："爸爸妈妈为了这个家庭付出了很多，我要好好学习，不再调皮了。以后一定要听爸爸妈妈的话。"从此以后，李明果然像变了一个人似的，什么事都愿意与家人沟通。李明的妈妈也从中悟出了一个道理：要想走进彼此的心灵，就要沟通。良好的沟通有利于构建和谐的家庭关系，反之，不良的沟通则会破坏这种关系。

无论在任何家庭，代沟总是无法避免的，而代沟解决的途径在于双方。父母应该努力学习进步，预先了解子女的特点，并努力把握时代特点和时代观念，同时调整好身心状态，争取以乐观开朗的面貌对待子女。

一方面，父母要与时俱进，主动寻找与孩子的共同语言。父母不能总是固守在原有的生活模式中，要想与青春期的孩子沟通顺畅，唯有加快自身与时俱进的步伐，与孩子同步成长，从而缩小两者之间的心理鸿沟，培养与孩子沟通的共同语言。

另一方面，父母要为彼此提供沟通的机会。父母再忙，也要试着去了解孩子，并给予孩子了解自己的机会。这里推荐一种"平行交谈法"，即父母与孩子一起做些事情，一面交谈，一面做。例如，一起吃晚餐、做家务、看电影、去书店选书……这种方式轻松、亲切、自然，更容易被孩子接受，往往能引起孩子强烈的回应，让孩子敞开心扉，抒发自己的感情。

把孩子当作独立的个体

台湾女作家张晓风在一篇散文中这样描述母亲与孩子之间的关系："我几乎可以听到剪断脐带的声音，我们的生命就此分割了，分割了，以一把利剪，而今往后，虽然表面上我们将住在一个屋子里，我将乳养你、抱你、亲吻你，用歌声送你去每晚的梦中，但无论如何，你将是你自己的了。你的眼泪，你的欢笑，都将与我无份，你将扇动你的羽翼，飞向你自己的晴空。"

孩子一出生，就已经是独立的个体了。19 世纪末 20 世纪初，美国大教育家约翰·杜威在教育史上提出了一个被喻为哥白尼式"革命"的教育理论，这是从传统教育到现代教育的大转变，即把原来的以教师、课堂、书本为中心转变为以学生、社会、经验为中心。这个理论在美国一直延续到现在。美国的家庭教育、学校教育充分尊重孩子的权利，围绕孩子来组织教学，这样的教育思想和教育哲学影响了美国社会对待孩子的态度，即把孩子作为独立的个体来对待。

而中国的父母多把孩子当作是自己生命的一部分，这样一来，付出的多，要求的多，对孩子个性方面的压制也多。有些家长把自己的理想、愿望寄托在孩子身上。只要孩子学习好，就可以满足他们一切要求，而不是因材施教，全面发展。实际上，中国与欧美国家在培养孩子独立性做法上的差别，源于教育观念的差别是其根源。欧美国家的家长们认为：世界上的爱多以聚合为最终目的，只有一种爱以分离为目的，那就是父母对孩子的爱。父母真正的成功，就是让孩子尽早作为一个独立的个体从你的生命中分离出去，这种分离越早，你就越成功。而中国的家长对待孩子常常采取一种"非爱行为"，就是以爱的名义对最亲近的人进行非爱性掠夺。我们经常听到父母对孩子说："你看看，自从有了你以后，我工作落伍了，人也变老了，我牺牲了这么多，都是为了你，你为什么还不好好念书呢？"这就是"非爱行为"——以爱的名义进行强制性的控制，让他人按照自己的意愿去做。久而久之，孩子就失去了独立性，产生了依赖性。

孩子脱离母体后就已经是一个独立的个体了，父母只有把孩子当成一个独立的生命个体去看待，从内心深处放下父母的架子，并充分认识到尊重孩子独立人格的重要性，才能真正地做到与孩子平等相待。

爱孩子是一种智慧，是一种能力，父母要学会真正的"爱"。真正懂得爱的父母，会摆正自己和孩子的关系，把孩子看成一个独立的个体，对孩子保持尊重和理性。规矩和爱的结合，是孩子情商的重要保障。父母可以满足孩子一些适当的要求，让孩子做自己想做的事，让孩子体验自己作主的感觉。同时，根据孩子的成长发展特点教育孩子，适时地调整自己的教育方法和教育理念。为此，父母要给予孩子足够的空间，不要过多地干涉孩子，遇事多与孩子商量，倾听孩子的意见，通过积极的引导，有效地疏导孩子的叛逆心理。

抛弃棍棒教育的陋习

在家庭教育中，棍棒教育是所有惩罚方式中最极端的一种。受传统思想的影响，不少家长都持"棍棒底下出孝子"的观点，在教育孩子时，动不动就非打即骂。

有媒体曾做过一项调查，在接受调查的 498 名大学生中，54% 的人承认自己在中小学阶段经历过家长的体罚，体罚的形式有手打脚踢、辱骂、罚站等。

张开元的父亲十分"厉害"，经常对张开元非打即骂。这天，张开元上网吧耽误了学习，他的父亲气不打一处来，上前扯住孩子，扇巴掌，反复踢打孩子。围观者都纷纷劝阻，可张父不但不听，反而打得更起劲，还破口大骂："你再去网吧我就打死你！"张开元这下子也火了，掉头就跑……到了晚上，父亲发现张开元没有回家，接下来的几天也没有踪影，这下子可把他急坏了，赶紧到处打听孩子的下落。就在大家一筹莫展的时候，家里接到了派出所的电话，原来张开元因仇恨父亲离家出走后，身无分文的他在饥寒交迫之下只好偷盗，被街道巡逻的民警抓个正着。到这时，张父才后悔莫及。

打骂只会事与愿违，孩子害怕被打，因此说谎、外逃。一见孩子犯错误就大发雷霆，大声训斥，甚至打骂，长此以往，会给孩子造成诸多心理问题。

　　孩子与大人一样，也有自尊心，大人要对孩子多些鼓励，培养孩子的自尊心和自信心。比如好动是孩子的天性，也是一种脑力和体力锻炼，大人要因势利导，而不能动不动就打骂，这样只会扼杀孩子的聪明才智，不利于孩子的健康成长。比如孩子自控能力差，有些过激行为，其实这都是很正常的，大人要动之以情、晓之以理，耐心地说服教育，打骂只能让孩子口服心不服，让孩子产生逆反心理。

　　有的父母哀叹现在的孩子"越来越难管"，其实不然，关键在于教育方法。父母是孩子最好的老师，你要让孩子怎么做，自己首先要做出榜样。孩子喜欢模仿大人的言行，大人的一言一行对孩子的影响很大。打骂只会让孩子产生恐惧心理，让孩子心灵受到伤害，性格变得孤僻，变得胆小怕事，变得不敢越雷池半步，从而扼杀了孩子的创造能力。父母要以身作则，对孩子多些温情教育。

　　那么，父母如何才能避免粗暴专制地对待孩子呢？

　　首先，要责无旁贷地主动吸收教育新知。传统的教育方式多半是父母用权威来教育孩子，而打骂处罚更是确立权威的主要手段。吸收新知可以帮助家长跳出自己的成长经验，及时调整自己的教育观念。

　　其次，真正放下身段，从内心尊重孩子，不要再用命令的口气跟孩子说话，将孩子当成大人一样给予尊重。不要总是对孩子说"不"，而是要给孩子选择题，让孩子自己做决定。

　　再次，不要总是拿放大镜去看待孩子的错误，不要总拿自己做不到的标准来要求孩子。要知道，孩子年龄还小，有好动、固执、健忘等现象都很正常。家长如果对孩子有所要求，也一定要考虑孩子的成长状况。

　　最后，应该冷静下来，尝试着多一分耐心，问问孩子这么做的原因是什么。当父母的心思放在了解孩子的想法上，也许就会发现孩子的行为其实是情有可原的。如果在极度愤怒的状况下，家长实在无法以理性的方式来管教孩子时，应选择暂时离开现场，或是转移自己的注意力去做别的事，如打电话跟朋友聊天、听音乐等。等自己平静下来以后，再和孩子好好谈谈。

第2章

跟孩子
平等交流

对叛逆期的孩子施以高压，只会导致同等的反作用力，或让孩子积蓄更大的反弹力。父母要尊重孩子，以平等的身份和孩子交流、沟通，而不是对孩子进行各种各样的限制。孩子只有从心理上接受了父母，才会打开心门。

尊重孩子是平等交流的前提

青春期孩子所有的叛逆行为，无非是想要表达：我是一个独立自由的个体！一个需要平等尊重的个体！一个需要被认可欣赏的个体。一个孩子从来不被别人尊重，又怎么能懂得尊重别人呢？教育要由尊重开始，这是孩子自我教育、责任心形成的最重要条件。

父母要试着去体会、去了解青春期的孩子，不能拿自己的成长经验来看现在的孩子。

对此，王翰林的父亲深有体会。他记得儿子还小时，常在晚餐后牵着他的手出去散步。到小学六年级时，有一天儿子忽然挣脱他的手说："爸爸，不要牵手好不好？"起初父亲有些诧异，但马上就会意过来："牵手"代表儿子还是小孩子，儿子不希望再被当作小孩子。

于是父亲问翰林："那手可不可以放在你肩膀上？"他说："可以，因为这样子看起来比较像哥儿们。"这种心理转变是很微妙的。不但孩子要变，父母亲也要自我警觉，只有抓紧学习调整以适应孩子的改变，亲子之间才能建立良好的沟通，相互了解。

从孩子进入青春期开始，我们就要逐渐把他当成大人对待。与青春期的孩子交流时，首先要知道，尊重孩子是平等交流的前提。与孩子交流时要平等，在此基础上，才会努力地理解孩子的想法，这种平等的关系，才会使孩子愿意同你交流，并能听得进父母的说教。这是做好青春期教育的首要条件。为了做到这些，父母在教育青春期的孩子时要尽可能从孩子容易接受的事和有关的问题出发，给他提建议，让他明白哪些该做，哪些不该做。

很多父母之所以感觉与孩子交流的效果不好，正是因为对孩子缺乏应有的尊重，与孩子交流时，习惯以长者自居，没有在情感上给孩子公平的待遇。在平时的交流对话中，通常是父母一直在做主导，以致无论是向孩子传授生活道理，还是辅导孩子学习功课，大多数家长都是自己在一边滔滔不绝、自说自话。毫无疑问，孩子并不能从这样的交流中汲取到太多的知识和经验。显然，这样的沟通交流并没有多大的成效。

在《爸爸去哪儿》的节目中，林志颖与儿子的沟通方式受到许多年轻家长的称赞。林志颖每次在跟儿子讲话时，都会蹲下身子平视儿子，让儿子处于一个与自己平等对话的地位。尽管这只是一个小小的细节，但却体现出了父亲对儿子的尊重。作为父亲，只有尊重孩子，才能真正走进孩子的内心，与孩子实现心灵对话。

青春期的孩子早已有了自己的思维与尊严，他们渴望与大人平起平坐，渴望父母把他们当作平等的个体来看待。如果父母忽略了他们的感受，孩子就会感到在家里没有话语权，无处发泄心中不满。久而久之，就会成为沉默寡言的"闷葫芦"，缺乏主见，甚至变得叛逆。

青春期的孩子渴望得到父母的关注和重视。如果父母能给予孩子更多的尊重和信任，孩子往往就会释放出更多的潜能。因此，父母在与孩子进行交流和沟通时，应该关注孩子的内心世界，学会尊重和信任孩子，并且要让孩子知道你是爱他的，这样才有利于增进父母与孩子之间的情感，真正地实现心灵沟通。

例如，让孩子帮助做什么事时委婉一些，而不要说生硬的命令句。父母对孩子的尊重，应在日常生活中习以为常。例如，请孩子帮你做事时要说"请"和"谢谢"等礼貌用语，在潜移默化中给孩子以良好的影响。如父亲想调一个电视频道，可与同时看电视的孩子商量："我们调个频道看看好吗？"

父母要给孩子机会表达自己的想法，让他尝试自己做决定。当父母把孩子当成大人一般对待，充分信赖他，授权给他，他们才会真正学习去做个大人，进而在内心产生一股强烈的自尊心与责任感。

总之，在与孩子进行沟通的时候，首先应该学会尊重他们，让孩子知道自己与父母处在同样的沟通地位，这样他们才愿意与你做朋友，实现两代人真正意义上的沟通。

做忠实的聆听者

面对叛逆的孩子，如果父母急着"拔刺助长"，非但"刺"没拔掉，自己反而会被扎得血淋淋的。当各种传统的教育方式已失效时，不妨换一种心态，尊重孩子心理发展的规律，肯定和接受孩子的叛逆，以此来改进自己对孩子的教育方式和态度。

心理学家证实：倾诉能减除心理压力，当人有了心理负担和问题的时候，能有一个合适的倾听者是最好的解决办法之一。

当父母在抱怨"孩子不愿意与我沟通""孩子总是把事情憋在心里"时，父母有没有想过，孩子为什么不愿意与自己沟通？

让我们听听孩子是如何回答的吧："父母不了解我，他们总是自顾自地讲大道理，从来不听我的想法！""我说什么都被否定，我还有什么可以向他们说的呢？"

事实上，每个孩子都愿意与父母沟通，只是，沟通之门往往被父母在有意或无意中关闭了。

孩子整个下午没有到教室上课，这可不得了，班主任给家长打电话反映情况。

傍晚孩子回到家，又急又气的父亲破口大骂："不好好学习，跑哪里去了？"

孩子嘟囔着："我、我……"似乎要解释没能到校上课的原因。

"什么都别说了，有什么好说的？真丢人！有本事连家也不要回来好了！"

这个父亲犯了一个严重错误，没有认真倾听孩子的心声。其实，"倾听"是一种非常好的教育方式，更是一把开启孩子心灵窗户的"金钥匙"。想让孩子听你的话，父母首先要听孩子的话，做一个好的倾听者，这样孩子才会感觉到父母的爱，自然会乐于接受父母的意见，孩子会对父母产生沟通和交流的信赖，这时教育才会产生效果。父母千万不能因为孩子"犯错"了，就忽略他们的辩解。任何时候，都要与孩子面对面，平等地互相倾听与诉说。孩子有值得称赞的观点，父母应表明支持的态度；孩子认识上存在误区，父母可循循善诱启发开导。

总之，当孩子想要跟父母讨论一件比较重要的事情时，父母一定要放下手头的工作，对孩子表现出兴趣。这样，孩子就会觉得父母很重视他，他就会主动敞开心扉，向父母诉说自己的事情。有经验的父母还发现，不管孩子要跟你诉说的是一件如何简单的事情，只要你表现出认真倾听的样子，表现出你的兴趣，孩子就会兴致勃勃地讲下去，进而表达出自己的情感和思想，实现与父母的思想交流、情感沟通，慢慢地，良好的亲子沟通就建立起来了。

聪明的父母不但要做一个高明的说者，更要做一个高明的听者。倾听是一门学问，倾听是一门艺术。只有能专心地倾听孩子讲话的人，才能平等地对待一切人。

那么，如何倾听孩子说话呢？

第一，要表现出倾听的欲望。不管有多忙，一定要表现出对孩子即将谈话内容的兴趣，更要做好认真倾听的姿势，不要做出三心二意的表情与动作，那样只会打击孩子倾诉的主动性。

第二，要做出认真倾听的样子。孩子在倾诉的过程中，哪怕父母早已知道其中的内容，也不要表明，更不要不耐烦地说："谈些别的吧，这些我早就知道了。"父母不应只是关心孩子的冷暖、吃住，还要关心他所感兴趣的事。孩子做错事时，父母不应该立即发火，对孩子大吼大叫，而是要冷静下来，耐心倾听孩子的解释。这样能避免自己在愤怒之时，采取过激行为。

第三，及时反馈意见、观点。送给孩子最好的赞美，就是让孩子知道自己所说的每一句话，你都在认真地听。"你说的对！""太好了。""你继续说下去。"当然了，除了语言，脸上的表情也可以传达出你对孩子话题的兴趣。

第四，学会用同理心倾听孩子。同理心是能设身处地、站在对方的立场，从倾听开始进行优质的互动。举例来说，孩子放学后回来说："妈，我今天被老师处罚了。"典型的父母反应有三种，一是质问："为什么？"二是主观判断"肯定是你不乖，不然老师怎么会处罚你？"三是责怪："活该！谁叫你犯错。"这些都不是同理心。运用同理心的步骤是：首先，反映孩子内在的情感和想法，如："老师处罚你了，你是不是很难过？"或"同学都看到了，你是不是觉得很没面子啊？"孩子会觉得，你很关心他，和他很亲近。如果你真的说中他心里面的感觉，他会觉得你很了解他，甚至觉得和你心灵契合。如果没说对也没关系，他会继续把真实的感受说出来。其次，接纳他的情绪。如："我了解你心里很难过，如果是我，也会如此。"最后，进行理性的讨论。如："你想想看，怎么做才不会被老师处罚"或"有什么办法可以改进"等。

现在的孩子承受着越来越多的、直接或间接来自家庭、学校和社会的压力，因此家长更要学会倾听孩子的心声。

跟孩子讲道理

　　大多数父母认为"讲道理"这种教育方式没有什么效果，其实不然，如果父母能用民主的方式与孩子心平气和地进行沟通，与孩子讲道理，顺而导之，理解和宽容孩子的一些"反叛"行为，就会在一定程度上会缓解孩子的逆反心理。

　　不同时期，讲道理的方式不同。小学是最适合讲道理的时期。进入青春期的孩子，希望独立自主，展现自我的意志，又不太愿意听道理了，会嫌你啰嗦、唠叨，可能还会反驳你。一位妈妈无奈地诉苦说："我们并不是不教育孩子，可孩子总是听不进去。每次教育孩子，他不是敷衍应付，就是干脆走掉。只要我们多说几句，孩子就会嫌烦。孩子不让我们说，他能做好也行啊，可是他又那么不自觉。现在的孩子真是太难管教了。"

　　讲道理的秘诀在于先理解和肯定孩子，正面引导，循序渐进地说服孩子。父母要在符合孩子身心成长规律的前提下，循序渐进的化解孩子的逆反心理。将你的"道理"化整为零，分散灌输给孩子。要使讲道理更有效，父母还需要共情，多站在孩子的角度看问题。同时，与孩子讲道理，不能偏离了事情本身，以免引起孩子的反感。父母首先要以身作则，做一个讲理、明是非的人。如果父母在所有事情上都认为自己是对的，那么对孩子的教育就不会奏效，相反，父母的这种强权优势必定会影响到孩子，孩子也就会出现越来越不讲道理的倾向。

　　在学校，所有认识任林的同学无不说他是个霸道的人。在与同学玩耍过程中，他要求同伴什么都必须听他的，稍有不顺，他就会生气甚至打骂起来。新学期开学时，班主任到任林家里家访，刚进门，就听到任林的父亲在训斥孩子，语气十分强硬，还经常冒出"必须""一定""绝对不行"等刺耳的词，而任林也一点不谦让，竟与父亲大吵起来，丝毫没有示弱的趋势。这让班主任十分震惊，他终于明白了，任林霸道的性格与父亲家教的方式有着直接的关系，正是父亲不讲理、对孩子使用"铁血"政策，孩子在有意无意间受到了"熏陶"，从而"复制"了一个父亲。

　　因此，通过说理的方式教育孩子时，不仅需要有耐心，还应结合孩子的心理特征，选择恰当的方法和技巧。

　　第一，要充分肯定孩子的长处。古语云："数子十过，不如奖子一长。"跟孩子讲道理，应充分肯定孩子的长处，对孩子的进步给予及时的表扬和鼓励，在此基础上再对孩子的过错予以纠正，这样孩子就容易接受大人的意见。如果一味地数落孩子，责怪孩子这也不是那也不对，只会让孩子产生自卑心理和逆反心理。

　　第二，所讲的道理要"合理"。跟孩子讲的道理应合情合理，不能信口胡说，也不能苛求孩子。因为家长信口胡说，孩子是不会服气的，大人的要求过分苛刻，孩子是办不到的。

　　第三，要给孩子申辩的机会。跟孩子说理时，孩子可能会对自己的言行进行辩解，家长应给予孩子申辩的机会。应该明白，申辩并非强词夺理，而是让孩子把事情讲清楚讲明白，给孩子申辩的机会，孩子才会更加理解你所讲的道理，使教育收到良好的效果。

　　第四，要了解孩子的情绪状况。孩子和家长一样，情绪好时比较容易接受不同的意见，不高兴时则容易偏激，因而跟孩子讲理，要充分了解孩子的情绪状况，在其情绪较好时，对其进行教育，若在孩子情绪低落时跟他说理，是不会奏效的。

　　只有跟孩子讲道理，孩子才会成为一个明事理的人。

和孩子分享喜怒哀乐

"一份快乐与人分享，就会变成两份快乐；一份痛苦两人分担，痛苦就只有原来的一半。"父母要学会与孩子一起分享喜怒哀乐，在分享的过程中，父母与孩子的关系才会越来越亲密，心与心才会贴得更紧。

每个人都有与别人分享情感的需要，而孩子在这方面的需要尤其强烈。父母要特别关注孩子的心理需求，无论多忙，都应抽空与孩子交流，分享他们的喜怒哀乐，与孩子一起笑、一起悲，成为孩子的知己，这是父母教育孩子的最高境界。

其实，家庭教育的过程就是父母与孩子互相融合的过程，与孩子一起分享喜怒哀乐，意味着父母更多的是展示，而不是灌输；是引领，而不是强制；是平等的给予，而不是居高临下的施舍。如果因为忙而忽略了与孩子分享情感的需要，也就等于剥夺了孩子健康成长的养料，阻碍了孩子全面发展的进程，还会给孩子造成性格和心理的缺陷。

有位家长是长途运输司机，经常出差在外，他对所有人都十分豪爽，唯独对自己的孩子深感内疚，他感叹，尽管给予了孩子丰足的物质生活与优越的家庭环境，却很少有机会与孩子分享喜怒哀乐。

比起这位家长，很多父母要"幸运"得多，他们有足够的时间在家里陪伴孩子，可是，他们却不懂得关注孩子的心理感受。孩子背着沉重的书包回家，迎接他们的常常是苦心的说教，然后在严厉督促下埋头写作业。孩子的情感得不到理解、支持和疏导，会感到压抑，容易造成自信力下降，变得沉默内向，甚至会产生逆反心理。

孩子作为一个独立的人，有着自己的喜怒哀乐，父母应该允许孩子自由地表达他们的喜怒哀乐，还应该与他们一起分享各自的喜怒哀乐。

让我们就以下的场景做比较：

场景一

孩子在学校和同学闹了别扭，心里正烦乱着，回到家后沉默不语。

家长 A："到底发生什么事了？你快说呀！"

家长 B："你不想说一定是有原因的，没关系，你什么时候愿意告诉我了，我都会为你分担的。"

场景二

孩子考出了好成绩，心里很高兴。

家长 A："就这样的成绩把你美的，快复习去，下次考个全班前五名。"

家长 B："你真棒，有进步！"

场景三

孩子抱怨说："今天作业真多，难道老师要累死我不成！"

家长 A："这点作业算什么？你太懒了！"

家长 B："是吗？你大概多长时间可以完成呢？你能不能一边洗澡一边思考作业怎么写，这样也许可以做得快一点。"

父母是孩子的第一任教师，家庭应是充满理解信任、能够让孩子身心轻松的场所，这样孩子才会觉得家长是可信赖的朋友，乐于和家长交流商讨，从而有利于孩子的开朗、坦诚、坚韧等良好心理素质的形成。家长 A 总以大人自居，一点都不懂得体谅孩子的心情；而家长 B 则十分开明，时常站在孩子的角度为孩子思考问题，懂得与孩子一起分享喜怒哀乐。父母更应学习家长 B，懂得在孩子的生活中设置快乐的元素，因为与人分享快乐就是给予别人的一种爱，反之，如果快乐没有人分享就是一种惩罚。

分享快乐还包含欣赏别人，就是真诚地去称赞、学习对方的闪光之处。有人说，我们不见得都喜欢我们所赏识的人，但一定喜欢赏识我们的人。

父母和孩子分享喜怒哀乐，对孩子来说，孩子会感觉到父母对自己的爱，也会感受到父母对自己的尊重。这样，孩子不但满足了与人分享的心理需要，而且知道了自己在父母心目中的重要位置，就会更懂得珍惜父母对自己的爱，同时会对父母的教育和引导产生积极情绪。父母和孩子分享喜怒哀乐，对父母而言，因为和孩子分享了一切，对孩子有了更多的了解、更全面的认识，从而更有效地实行因材施教，也就不会轻易地对孩子进行批评与指责，或武断地下结论。

因此，父母和孩子一起分享喜怒哀乐，无论是对于孩子还是父母，都是非常有益和重要的。孩子在分享后对父母更加敬重，父母在分享后学会了对孩子理解和宽容。有了分享，孩子的缺点与问题父母可以及时地发现，并根据情况进行有效地引导、解决；有了分享，孩子对父母抵触的情绪减少了，逆反心理没有了，更容易接受父母的教育。

父母们，和孩子一起分享喜怒哀乐，陪伴孩子健康、快乐地成长吧！

与孩子商量问题

"如果父母喜欢与孩子商量，孩子就会非常乐意与父母交流，反之，孩子则会产生逆反心理，封闭自我。"美国著名的心理学家和人际关系学家戴尔·卡耐基认为，遇事用"建议"的口吻，而不下"命令"，不但能维持对方的自尊，而且能使他人乐于改正错误，并与你合作。

为什么"商量"具有如此神奇的力量呢？

因为商量就是平等，商量就是尊重，商量就是沟通。

著名教育家魏书生说过"也许其他方面我不如一般人，但有一条是胜过他们的，那就是遇事喜欢商量。"他有一句口头禅就是"商量商量"。的确，这"商量商量"，一般人可以想到却是很难做到。魏书生在谈到如何教育好学生的时候，指出和学生商量是重要的教育原则和方法。把一个班管好，把一个人教育好，必须要充分发扬民主作风，放下架子，和学生交朋友，才能更好地和学生进行沟通，及时了解学生的思想动态，有的放矢地进行教育。同时，商量也使学生受到尊重，拉近师生距离，有利于学生人格的健康成长。

因此，父母在对孩子进行教育时也应多一点商量的口吻。不管什么事情，尤其是涉及孩子的事情，父母都不要自作主张，要学会与孩子协商，取得孩子的同意和认同。喜欢与孩子协商的父母是民主的父母，在这样的家庭氛围中，孩子就会渐渐养成民主协商的习惯，自然就会主动愿意与父母进行沟通。

卢勤在一篇文章中曾经谈到与孩子商量的重要性的话题：商量的魅力在于，使自己学会从别人的角度思考问题。两代人的沟通，最重要的是相互理解、相互尊重。而实现相互理解、相互尊重的方法是——学会商量。我从儿子的成长中体会到：商量，能使家庭关系变得和谐；商量，能使孩子得到大人的尊重，从而使孩子懂得尊重别人，并学会用商量的办法去对待父母和他人。从儿子幼儿时期直到高中时代，我一直用"商量"的办法同他相处。"商量"使亲子间增进了感情，避免了冲突和对抗；"商量"使儿子学会了从别人的角度来观察事情，思考问题，学会了民主和平等、尊重和友谊。

由此可见，商量对孩子的健康成长有着许多积极的意义。

孩子是家庭的重要一员，可是，现实中，许多父母在决定一些事情尤其是一些重要的事情时往往把孩子排斥在外。其实，很多事情应该让孩子参与讨论，尤其是涉及孩子的某项决定时，每个孩子都会出现与父母意见不一致的情况，孩子们都希望父母能够尊重自己的意见。如果父母忽视了孩子的主观能动性，一味地用父母的威严来压制孩子，即使孩子口头上同意，恐怕内心也无法产生努力的动力。更可怕的是，在这样的情况下，孩子已经开始抗拒，又怎可能与父母和睦共处呢？

有位父母致电某电台节目主持人请教如何教子时，谈到自己的孩子在家做作业很不专心，不是一边做一边看电视，就是一会儿做一会儿玩，常常影响了作业的质量。父母三番五次地教训，可孩子就是屡教不改。节目主持人的观点很明确——父母不妨静下心来，心平气和地同孩子商量，什么时候做作业，什么时候让孩子干自己喜欢干的事，共同制订出一份合理的作息计划。这样孩子心里就有底了，学习时才能劳逸结合、松紧有度，而家长和孩子双方的要求也就容易实现。如果父母不从孩子所处的环境和自身找原因，反而认为孩子有问题、不听话，简单生硬地加以斥责与惩罚，就会造成恶性循环：孩子越不认真，大人就越严格，大人越严格，孩子的毛病就越多。

当然，商量不是父母发号施令，而是要使每个问题的解决都打上"民主"的印记，凡事多征求孩子的意见，跟孩子多商量，做个民主型的父母，在家庭中发扬民主，尽量不要自作主张地安排。例如，经常召开家庭会议，鼓励孩子发表自己的意见。父母要尽量发扬民主的精神，给孩子发言权、自主权、表决权、时间支配权。父母不要总是包办孩子的一切。凡事以商量的口吻提出建议，多听听孩子的意见，这是父母与孩子良好沟通的开端。商量也不等于迁就，而是父母与孩子对话、沟通、相互了解，形成双方可接受的意见或办法。

父母要想实现两代人的沟通，最好的方法就是时常与孩子商量，在商量的过程中，孩子的意见得到了大人的尊重，孩子也了解了父母的想法。长此以往，父母与孩子增进了相互间的理解，家庭必然会更加和睦、温馨。

第3章

"数落"
孩子有技巧

　　尽管我们总说，"好孩子是夸出来的"，教育需要以表扬为主，加以正面引导，可是，以表扬为主，并非以表扬为唯一的方法。与表扬相对的批评，与奖励相对的惩戒，对于青春期的孩子具有特殊的意义。青春期的孩子喜欢自主决策，反对父母管得太多，但由于社会阅历不足，很容易犯错误，如果没有适当的批评教育，他们很难懂得为自己的过失承担相应的责任。不正确的批评不仅不能够帮助孩子改正错误，还会激化父母和孩子间的矛盾，让孩子形成强烈的逆反心理。要想达到理想的教育效果，就要讲究批评的技巧，让孩子在接受批评时口服心服。

过分严厉不利于孩子成长

很多事例表明，过分严厉、粗暴的教育方法，不但达不到教育的目的，反而会使孩子形成孤僻、胆怯、仇视、攻击等心理问题，而这，往往会成为孩子日后出现不良行为、甚至走上犯罪道路的根源。

过分严厉，往往会让孩子变得懦弱。很多家长误认为，教育青春期的孩子必须严厉，否则再过几年，孩子成人了，容易走偏。好像家长的态度不严厉，措辞不强硬的话，孩子就不会听。久而久之，家长就形成这样的表达习惯"你今天必须""你要""你应该""你不许"等。这种做法，不仅束缚了孩子的"拳脚"，让孩子不能真正发挥自己的才能，还会把孩子培养成一个"软柿子"。

过于严厉的父母，会引起孩子叛逆。有的父母担心溺爱孩子会让孩子叛逆，担心"慈母多败儿"，觉得还是应该对孩子严厉些，可以让孩子更乖顺懂事。于是对孩子过于严厉，非打即骂，严重损伤孩子的自尊心。

有些父母对孩子的期望值很高，实施严格的家教，在家庭环境的影响下，这些孩子也对自己有着较高的要求。但是，孩子一旦经历了某些挫折，就容易出现无法接受事实的心态，造成自信心严重受挫。父母应多给孩子一些鼓励，教育孩子要有战胜自我的信心，而不要因为孩子们达不到父母的高要求而总是打击他们。

对孩子严苛的管制，也是许多青少年叛逆、走向歧途的重要原因。近几年，"虎妈""鹰爸""狼爸"等事例告诉我们，近乎苛刻的教育带来的却未必是想要的教育结果，甚至起到的是反作用。原因在于，父母长期对孩子的严格管制，对孩子的消极刺激过多，却少有积极的鼓励，孩子身上的问题改变了，甚至还会破罐子破摔。

无可置疑，父母对孩子严厉是对的，但应该严而有爱、严而有方、严而有度。

父母对孩子的爱，要体现于严而有爱之中。"爱"与"严"是辩证统一的。

父母对孩子的爱，要体现于严而有方之中。严而有方，就是要讲究方式方法。方法是达到目的的手段，是过河的桥梁。不讲究方式方法，往往事与愿违，造成家庭关系紧张，甚至恶化。

父母对孩子的爱，要体现于严而有度之中。严而有度，就是说要严得适度。过与不及都会造成不良后果，要求太高，力所不及，无济于事，等于没有要求。一些父母总希望孩子规规矩矩、百依百顺，孩子稍一"出格"就不能容忍，往往是管得过死，限制过多，把孩子的创造性给扼杀了。其实，只要孩子不出大格，不要限制太多，让孩子在自由宽松的家庭环境中成长。

所以，父母对孩子不要过度严厉，应在孩子面前树立威信，同时与孩子多交流沟通，根据孩子的成长特点选取适当的教育方式，这才是管好孩子的绝佳方法。

停止对孩子的唠叨

没有人愿意没完没了、反反复复地听同样的话。父母对孩子的教育，不能老调重弹，唠唠叨叨只会令孩子心烦，结果无论说些什么，孩子都不会听进去，一个人长期重复听同样的声音会变得不在乎，甚至产生强烈的叛逆心理。

有父母抱怨："孩子就是不听话，我都说过起码不下十遍了，可他就是听不进去，依然我行我素。"有什么事值得唠叨不下十遍？同一句话在孩子耳边绕来绕去，孩子哪有不烦的呢？这时孩子不听话，往往是因为逆反心理在作怪。

其实，唠叨本质上是一种无效的沟通，经常唠叨的父母通常没有意识到这种无效性，从而陷入唠叨复唠叨的循环中。同样的话，像复读机一样在孩子耳边循环播放，会让他听觉疲劳，进而变得厌烦、不在乎。长此以往，还容易引发父母和孩子之间的矛盾。所以父母要学会控制自己，尽量避免唠叨。

再说，孩子成长本身就是错误的不停出现以及不断改正的过程。父母如果因为这些不完美、小错误，像唐僧对待孙悟空那样唠叨的话，"孙悟空"也会受不了。孩子不一定非要按着父母的路线走下去，对于必须要做的事情，父母的想法孩子有权利去接受或者拒绝。父母完全可以尝试着停止唠叨。把权利放回给孩子，让他们自己去决定该怎么去做。父母只要在旁边做好指导工作就行。

因此，父母千万不能总是对孩子唠唠叨叨没完。为了不使孩子在自己的唠叨下产生过激的行为，父母也要做出相应的改变。应该学会观察孩子，了解孩子的内心世界，以正确的方式与孩子进行教育、沟通。

那么，有什么方法可以帮助父母避免对孩子无谓的唠叨呢？

第一，学会等待。一些家长有这样一种心理，自己说一句话，希望孩子马上就言听计从；自己提出一个目标，希望孩子一下子就能达到。可是我们不要忘了，孩子就是孩子，他们的心智和能力并没有发展到那么成熟的地步，一些事情他们可能还没有理解，一些事情可能还不知道怎么去做，做了可能还会常常出错。因此，做家长的必须要学会等待，要克制自己的急躁情绪，给孩子一定的时间去转变，允许孩子有所反复。孩子的成长是需要一个过程的，不管是生活自理能力的提高，良好习惯的养成，还是文化知识的积累，都需要时间的历练，而且这个时间不会因为家长的唠叨就缩短。

第二，只说一遍。进入青春期的孩子，自尊心越来越强，为了不伤害孩子的自尊心，父母在说教的时候要点到为止，不必事无巨细，更不能没完没了。父母如果想让孩子做什么事，应当选择恰当的时机，然后和孩子面对面坐下来，严肃认真地与孩子谈。父母可以明白地告诉孩子："你听好了，这话只说一遍"，在对孩子说的时候，一定要突出重点，挑选有分量的话说，不要对孩子反反复复地唠叨个没完。即使是在纠正孩子的错误时，父母也不要喋喋不休地数落和教训孩子，凡事点到为止，只要孩子能够认错并愿意改正就可以了。

第三，就事论事。是孩子就都会犯错，当孩子犯错误时，有的父母喜欢翻旧账，把孩子的种种"恶行"全部数落一遍，越说越来气，越来气就会说的越多。其实，孩子在生活中犯一些错是正常的，孩子就是在不断地改正错误的过程中成长起来的。对于孩子犯的错误，父母应当就事论事，联想太丰富只能让孩子觉得你烦人、唠叨。

第四，抓大放小。孩子在成长的过程中会有许多事情需要大人操心，但有些事情是无关紧要的，有些事情也许并没有成人想象的那么严重。父母教育孩子时可以让自己放松一点，对于孩子生活中的一些琐碎小事，放手让他自己去做，如果总是一而再再而三地去提醒，孩子当然会嫌你唠叨。父母应当学会把最主要的精力放在重要的事情上，照顾孩子最核心的需求，比如孩子的人生态度、价值观、未来志向、学习习惯、学习方法等。

尽管唠叨包含了很多的关怀与呵护，但也意味着不放心与不信任。父母对孩子的教育，应该是点到为止，不要那些命令式的唠叨，避免说出伤害孩子心灵的话，就事论事，多和孩子说悄悄话，用亲切的语言告诉他，远比大声呵斥的作用大得多。孩子需要的是父母的指导，而不是唠叨。

因此，切记，不要让千篇一律的唠叨成了孩子叛逆的助推器。当孩子随着岁月渐长渐大，有了更强的自理能力，父母应尽量减少命令式的教育。

批评孩子对事不对人

孩子犯了错误，特别是有不良的行为习惯及不好的思想道德表现时，给予孩子适当的提醒和警戒，让孩子明辨是非是非常必要的。但父母应该就事论事，什么问题就谈什么问题，干净利索。切勿借题发挥、节外生枝，更不能对孩子进行人身攻击。

美国心理学家认为，父母要想妥善处理好家庭关系，首先要尊重孩子，孩子的自尊心是非常可贵的，也是非常脆弱的，它就像一张白纸，一旦被捅破了，孩子就会"破罐子破摔"。因此，家长应掌握好一个基本原则，就是"对事不对人"。也就是说，当孩子惹了麻烦时，父母应针对情景展开话题而不要评断孩子的人品和人格。

在批评孩子时，如何才能做到对事不对人呢？

首先，父母要想在批评中真正做到"对事不对人"，重责其事，轻责其人，循循善诱，充分说理，勿过分强调孩子的过失，重点要放在如何改正上。批评时态度要和善，切勿大声训斥，不要责骂不休，要简明扼要，抓住要害严肃认真地指出错误。

其次，父母要保持理性、平静而和谐的心态。有时孩子的错误的确让人生气，恨不得痛骂他一顿，此时批评孩子会伤害孩子的心。如果发现自己面对孩子的心态出现了比较严重的问题，则应先把问题放一放，停止对孩子的批评，让自己心平气和下来，不然批评就很容易变成"体罚"或"心罚"，变成一种直接指向孩子的身体攻击或语言攻击行为，其对孩子脆弱心灵的伤害之深有时是无法预料的。当孩子不接受批评时，更多地可能与父母的批评态度和批评方式有关。父母批评时的态度要保持平和，试着降低语调，这样能使孩子情绪稳定，减少与父母的对抗，也使自己变得理智。

最后，批评要对事不对人，只对事情进行评价，不要穷追猛打，当孩子领会了批评的意思，又有悔改之意时，就要结束批评。千万不要责骂不休，唠叨不止。批评、惩罚孩子要以解决问题、帮助成长为初衷，站在关心、爱护孩子的角度，信任孩子能改正错误。

当孩子承认了自己的错误之后，父母应该告知如何改正这个错误，以后如何防止发生。这样，孩子不但不会对父母产生负面情绪，还会把父母当成好朋友。

我国著名教育家陶行知先生教育学生的故事一定会对父母有所启发。

陶行知先生某天看到一名男生正想用砖头砸同学，将其制止后，责令其到办公室。陶先生则留下来，简单地了解了情况后回到办公室，发现那名男生正在等他，便掏出一颗糖递给他："这是奖励你的，因为你比我准时。"接着又掏出一颗糖："这也是奖励你的，我不让你打人，你立刻就住手了，说明你很尊重我。"该男生将信将疑地接过糖，陶先生又掏出一颗糖给他："据了解，你打同学是因为他欺负女生，这说明你有正义感。"这时那名男生哭了："校长，我错了。同学再不对，我也不能采取这种方式。"陶先生又掏出第四颗糖："你已经认错，再奖励你一颗。我的糖分完了，我们的谈话结束了。"

陶行知先生对"打架事件"的处理，完全打破了很多人教育孩子的常规模式，不是采取训诫的方式，而是针对事件、评议事件，不对孩子进行任何道德或品质上的指责，使孩子在轻松的气氛中深刻认识到了自己的错误。

孩子在成长过程中难免会犯错、做出有违父母意愿的事情，父母在处理这些"问题孩子"时，应设身处地地替他们着想，就事论事，而不要对孩子进行过多指责。

批评惩罚有分寸

对青春期孩子的教育，需要运用很多的教育手段。"表扬"和"奖励"不是教育方法的全部，"惩罚"和"批评"也是十分重要的教育手段，是教育孩子纠正和扭转错误的一种途径。但批评和惩罚又是一把双刃剑，一不小心就会伤及孩子。因此，父母在对青春期的孩子进行教育时，必须因人而异、把握好其中的分寸。因为批评和惩罚的刺激过多、过强和作用时间过久，都可能引起孩子极不耐烦或反抗的心理情绪，从而使预期的效果大打折扣。这就是所谓的"超限效应"。

超限效应在家庭教育中就时常发生。比如，当孩子犯错的时候，父母会一次、两次、三次，甚至是四次、五次反复对一件事做同样的批评或惩罚，使孩子从内疚不安到不耐烦乃至反感讨厌，就会出现"我偏要这样"的反抗心理和任性行为。可见，父母对青春期的孩子的批评和惩罚不能超过限度，要慎用惩罚或批评的教育手段。

教育的核心是唤醒，在批评、惩罚孩子时，最重要的是要唤醒孩子的自尊、自信、自爱及自强与自制，即要唤醒孩子的人格心灵和自我意识，变教育为孩子的自我教育，否则，父母的批评和惩罚就不会起到应有的作用。

要做到这一切，父母在批评、惩罚孩子时，最重要的原则就是要控制情绪，冷静、理性地处理。无论孩子犯的过失大小，父母都应努力以心平气和的心境来对待。批评、惩罚孩子要站在关心爱护孩子的角度，以解决问题，帮助成长为出发点。如果父母实在控制不住情绪，就应采取缓和的策略，等消极的情绪消失后，再对孩子进行教育。

除了把握好自己的情绪外，父母还应了解孩子的心理特征，青春期的孩子有着强烈的自尊心。在批评、惩罚的同时，如果父母能够给他们留一些面子，孩子不但认错深刻，还会对家长投以感激的目光。

陶行知任育才学校校长时，在一次数学测验中，一位同学在一道题中少写了一个小数点，被扣了2分，结果不及格，才得了58分。试卷发下来后，这位同学又把这个小数点偷偷地添上了，然后找到陶行知，装着一副无辜的样子说："陶校长，您改错了，我这儿明明是有一点的，您可能没看清楚，我正好及格。"陶行知拿过试卷一看，从墨迹上判断，这个点是这位同学自己后来加上去的，但他并没有挑明，而是大笔一挥，2分加上，满足了这位同学的愿望。不过，他在那小数点上用红笔画了一个圈。这位同学当即就脸红了，她领会了校长的意图，惭愧不已，后来她回忆说："那件事过后，我才知道勤奋和诚实的重要，才真正用功学习，下决心要做个诚实的人。"

陶行知采用了"点到为止"的处理方法给足了孩子的面子，面子其实就是自尊心，是一个人上进的潜在动力。教育者要保护孩子的脆弱的心灵，就要给足孩子面子，不要说伤害孩子情感和自尊心的话，更不宜当众批评孩子或打骂孩子。

北京师范大学教育学博士王建成向父母推荐了一种好的批评模式。他称之为"批评四部曲"，具体是这样的：①当你……（描述具体事件）；②我觉得……（描述自己对这件事的感觉）；③我希望……（表达希望对方改变的具体行为）；④我相信……（肯定彼此的关系）。显然，这种批评方式孩子是比较乐于接受的。

惩罚是比口头批评更进一步的行为评价方式，而且还带有强制的性质。父母在对孩子进行惩罚教育的时候，如果不能采取正确的惩罚手段，反而会让孩子产生警惕心，出现反感或抵抗情绪，变得任性起来。父母需要让青春期的孩子认识到"做错就该受罚"的道理。孩子具备了做错了事准备接受惩罚的意识，才能切实接受惩罚，并从惩罚教育中获得成长。同时，父母不要随随便便地使用惩罚教育，一些小的过错完全可以采取其他方式。

但是，实施惩罚教育，父母要懂得尊重青春期孩子的独立人格，可从两个方面来提出要求：一是在保证孩子健康、安全的前提下提出让孩子体验过错带来的后果的要求；二是提出让孩子用实际行动来改正错误的要求。

在对孩子进行批评、惩罚时，父母还应注意运用以下一些细节：

第一，趁热打铁法。孩子的时间观念比较差，又天性好玩，注意力易分散，刚犯的错误转眼就忘了。因此，父母批评孩子要趁热打铁，不能拖拉，否则，就起不到应有的教育作用。

第二，低声冷淡法。父母应以低于平常说话的声音批评孩子，"低而有力"的声音会引起孩子的注意，也容易使孩子注意倾听你说的话，这种低声的"冷处理"，往往比大声训斥的效果要好。

第三，沉默不言法。孩子一旦做错了事，总担心父母会责备他，如果正如他所想的，孩子反而会有一种"如释重负"的感觉，对批评和自己所犯的过错也就不以为然了。相反，如果父母保持沉默，孩子的心理反而会紧张，会感到"不自在"，进而反省自己的错误。

第四，换位思考法。当孩子惹了麻烦遭到父母的责骂时，往往会把责任推到他人身上，此时回敬他一句"如果你是那个人，你会怎么解释？"这就会使孩子思考：如果自己是别人，该说些什么？这种换位思考法，会使孩子发现自己也有过错，并会促使他反省自己，认识到把责任嫁祸他人是错误的。

总之，"批评"和"惩罚"的教育方式，父母一定要慎用。父母教育孩子好比园丁经营他的园艺，同样是花草树木，不同的园艺家会打造出不同的园艺模式。可无论如何，首要的就是立足于园艺的特点，采取最适宜的经营策略。否则，教育就无法达到预期的效果。

别把餐桌变成教训桌

很多父母误认为一边吃饭一边"教育"孩子是一举两得的好时机。于是一到吃饭的时候，父母就开始问孩子的功课，查孩子的成绩，讲孩子的过错，接着就开始教训孩子，常常弄得孩子愁眉苦脸、哭哭啼啼。殊不知，这种"餐桌教育"害处实在不少：既影响孩子食欲，又会使孩子情绪低落，更严重的还有可能会使孩子产生心理问题。

教育孩子一定要注意场合、选择时机，切莫在餐桌上对孩子进行指责，父母在与孩子就餐时要谨防三个"不要"：

第一，不要恐吓。比如孩子不愿吃饭，有些父母心情急躁，大声呵斥，这会让孩子感到十分紧张，更抑制食欲，即使孩子勉强吃完，也因心情不好而影响消化。

第二，不要忆苦。有些父母喜欢在餐桌上"忆苦"——不停地陈述自己当年生活时代的环境是多么多么的艰苦，以此教育孩子要珍惜当前的美好生活。如此"忆苦"教育方式，父母重复多了，孩子会不以为然，反会增强内心的叛逆和抵触。

第三，不要揭短。餐桌上，有的父母视之为教育孩子的好时机，常指责孩子这不对那不对，或翻旧帐狠训一顿，高谈阔论，大讲道理。

其实，在每天吃饭的时候，一家人应该在轻松自然的气氛中，各人谈各人的趣事。父母是孩子最好的老师,餐桌可以当课堂,但讲述的内容要尽量多一些亲情的教育与交流,父母宜讲点有益的文化知识和鼓励孩子向上的好人好事等。孩子在没有压力的情况下,往往会把学校里的事情、自己的学习情况讲给父母听。父母可以根据孩子所讲的内容,好的加以表扬,不足的加以引导。在孩子用餐时父母更应营造轻松、和谐的气氛。

那么,怎样营造这种气氛?建议父母从以下几方面做起:

第一,餐桌上,家长要善于掩饰自己的烦恼和焦虑,让餐桌上始终保持轻松、愉快的气氛,使餐桌上总是洋溢着欢声笑语,家人一起享用食物的美好,一起聊聊天传递着彼此的情感,孩子会跟着大人一起感受家人亲密互动的关系和温暖美好的氛围,让心灵得到内在的稳定和放松。这有助于培养孩子活泼乐观的性格,也有助于增进孩子的食欲。

第二,餐桌上的话题五花八门,父母不要冷落了孩子,要给孩子平等的发言权。在与孩子谈话时,家长要注意语气恳切和蔼。实践证明,凡是家庭气氛和睦的,孩子要听话得多。

第三,餐桌上不要苛求、埋怨、训斥、打骂孩子,这样既不利于孩子的自尊心,也容易产生逆反心理。

希望父母能正确利用餐桌这个方寸之地的小课堂,对孩子少一分指责,多一些鼓励。

不当众训斥孩子

很多人觉得当众教育孩子，会刺激他们的自尊心，在公众的关注下，孩子会更加注意树立自己"听话、懂事、乖巧"的形象，所以很多父母认为，人越多的时候越是一个教育孩子的良好时机。其实未必，青春期的孩子都爱面子，如果孩子犯了错误，家长当着众人的面批评他，会让他觉得很没面子。尤其不能当着孩子同学的面对其进行批评教育。要想和孩子保持一种良性的亲子关系，就要给孩子留面子。如果孩子确实犯了错误，可以找个只有你们两个人的空间进行沟通。

"五一"劳动节，蔡玲和爸爸妈妈一起出去玩。一小时后，他们到了十渡游览区。或许是由于走得太累了，蔡玲一下车就想喝水。妈妈给了她十元钱，让她去买几瓶水来。

很快，小玲就提着两瓶矿泉水回来了。妈妈问她："多少钱一瓶？"小玲回答说："3块。"可是，小玲却发现自己的衣兜里没有剩余的钱。难道是路上丢了？

蔡玲一路找去，可是却没有看到钱的影子，人来人往的，很可能被别人捡走了。妈妈看到没有找回零钱，问："对方确实找你零钱了吗？"蔡玲想了想，说："忘了！"接着，妈妈就带着蔡玲一起来到了出售矿泉水的超市。超市老板说："刚才我想找钱来着，可是一扭头这个小姑娘就走了！今天我一个人看店，所以没法追。"

了解到事情的真相之后，妈妈对小玲说："你怎么这么粗心啊！整天丢三落四的，不省心的东西！"小玲站在那里不敢说话。

店主劝蔡玲妈说："别怪孩子了，大人还有疏忽的时候，何况是小孩？"可是妈妈却不听劝："小孩？她马上就 13 岁了，还小孩呢！从小就这样，说了她多少次了……"

由于妈妈的嗓门比较大，有些爱看热闹的人围了上来。小玲的自尊心受到了伤害，扭头向外跑去。

当发现女儿没有将零钱找回来之后，妈妈当着众人的面批评了女儿。这样的批评方式是不正确的，这不仅会伤害孩子的心灵，还可能造成其他伤害。如果孩子在激动的情况下遇到危险，结果更加严重！

英国哲学家、教育家洛克说过："父母不宣扬子女的过错，则子女对自己的名誉就愈看重。他们觉得自己是有名誉的人，因而更会小心地维护别人对自己的好评。若是当众宣布他们的过失，使其无地自容，他们愈是觉得自己的名誉已经受到了打击，设法维护别人好评的心理也就愈淡薄。"可见，当着别人的面批评教育子女的方法不足取。如果孩子一有过失，家长就公开宣扬出去，使孩子当众出丑，其结果只会加深孩子的被训斥的印象，感到自己在众人面前丢了面子，因而产生自卑，产生逆反心理。

因此，即使孩子犯了什么错或是做了什么糟糕的事情，也不能当众给其难堪，如果非要教育一翻，也应该把孩子带回家再教育。

当众批评孩子，最容易伤人自尊，所以父母对青春期的孩子进行批评时，一定要注意时间、地点和孩子的情绪状态。最好单独进行，勿使孩子当众丢脸，不要伤害孩子自尊心。必须当面批评时，及时批评；事态不严重的，可事后再教育；情绪过于激动的，等冷静了再谈心。批评的语气要尽量委婉；对于已处于自责状态的孩子，可用温和的语气对他提出希望；对于抵触情绪特别强烈的孩子最好不要当众严厉批评，以免引起更大冲突，使事态陷入僵局。

有智慧的家长，不会对孩子当众严辞斥责。如果你的孩子果真犯了什么让你难以容忍的大错，可以先用眼神、手势做一下暗示，用冷处理的方式让孩子知道自己犯了错。等回到家里，或者把他带到避开人群的地方，和孩子进行深入交谈。在交谈的过程中，要多理解孩子，多站在孩子的角度看待问题，这样进行下去，一切问题都不难解决。

让孩子自己承担责任

在教育孩子的时候,父母一定要让孩子明白:每个人都应该为自己的行为负责。责任心是孩子做人、成人的基础,没有责任心的孩子难以成才。现在有些父母不太重视培养孩子的责任心,当孩子遇到一些困难的时候,总想着替孩子承担。父母可以满足孩子一些适当的要求,让孩子做自己想做的事,让孩子体验自己做主的感觉,同时关心孩子在处理问题过程中的想法、做法,并给予及时的指导。不妨给孩子几次试错的机会,让孩子在错误中成长、学习。

素有"领导人教父"之称的美国丹尼斯·韦特利博士告诫天下的父母:父母最需要给予孩子的不是金钱而是教会他们如何正确地生活、负责任地工作。这位人类行为心理学博士认为,给孩子再多的物质财富,多年以后他们未必能记得,反倒会滋生其"坐享其成"的不良习惯。只有让孩子从小就具有责任意识,将来他才会成为一个对自己的行为负责和对组织、社会尽职的人。

日本著名的文化人类学学者高桥敷先生,当年在秘鲁的一所大学任客座教授时,曾与一对来自美国的教授夫妇比邻而居。一天,这对夫妇12岁的小儿子,不小心将足球踢到了高桥敷先生的家门上,一块很大的茶色玻璃被砸得粉碎。虽然发生了这样令人不愉快的事情,但高桥敷先生和他的夫人还是很宽容。他们估计那对美国夫妇很快会登门道歉。然而，他们想错了。第二天一大早，那个闯祸的 12 岁男孩在一位出租车司机的帮助下，送来了一块用于赔偿的大玻璃。

小家伙见到高桥敷先生，彬彬有礼地说："叔叔，对不起。昨天我不留神打碎了您家的玻璃，因为放学之后商店已经关门了，所以没能及时赔偿。今天商店一开门，我就去买了这块玻璃来赔偿您。请您收下这块玻璃，也希望您能原谅我。以后我会小心的，这种事情再也不会发生了，请您相信我。"

高桥敷夫妇不仅原谅了他，而且喜欢上了这个知错就改的孩子。他们在家款待孩子吃了早饭，而且还送给他一袋日本糖果。事情本来可以划上句号了。然而，出人意料的是，当孩子拿着那袋糖果回家之后，那对美国夫妇却出面了，他们将那袋还没有开封的糖果客气地还给了高桥敷夫妇，并且解释了不能接受的理由：一个孩子在闯了祸的时侯，是不应该得到奖励的。

父母对孩子最大的教育责任就是要告诉孩子懂得人活在世上要承担责任，要有社会责任感，要对自己负责任，无论是读书还是工作，无论生活贫困还是富裕，都要让孩子有一颗负责任的心。在日常生活中，父母应这样培养孩子的责任心。

第一，有意识地交给孩子一些任务，锻炼孩子独立做事的能力。随着孩子年龄的增长，爸爸妈妈要逐步教孩子自己的事情自己做。做之前提出要求，鼓励孩子认真完成。如果孩子遇到困难，家长可在语言上给予指导，但是一定不要包办代替，要让孩子有机会把事情独立做完。

第二，教育孩子做事情要有始有终。孩子好奇心强，什么都想去摸摸、去试试，但是随意性很强，做事总是虎头蛇尾或有头无尾。所以，交给孩子做的事情，哪怕是很小的事情，父母也要检查、督促以及对结果的评价，以便培养孩子持之以恒，认真负责的好习惯。

第三，让孩子履行自己的诺言。让孩子从小就学会做一个言而有信的人，自己许下的诺言，就应该尽力去履行；自己答应了别人的事情，即使是不情愿做，也必须认真对待，这既是对别人负责，同时也是对自己负责。

第四，鼓励孩子勇敢地承担责任。例如，有一个孩子上街时把自行车丢了，父母就让他做有偿劳动来挣钱，等挣足了钱，再买自行车，并告诉他买了以后要锁好车。

有了责任感，孩子才会关注生活的点点滴滴，明白去做自己该做的事；有了责任感，孩子才会时刻准备着伸出一双援助之手，展现自己的爱心和力量；有了责任感，孩子才会将个人融入到社会中，充分发挥个人的才干，成就自己将来的人生之辉煌。

第4章

给"问题"
孩子松绑

"问题"孩子，顾名思义是指在师长眼里有着各种不良行为习性或坏毛病且屡教不改的孩子。可是，教育专家告诫我们，世上从来就没有"问题"孩子，只有问题教育——"问题"孩子的出现，往往是家长的不当教育所导致。因此，在面对"问题"孩子时，家长首先应该反思自己的教育方式，并怀揣一颗平和之心，允许孩子犯错，更给孩子一个修正自己的空间，耐心的、从容的、坦然的和孩子一起走出困境。这也就是说，家长一定要保持冷静，孩子这些心理行为的表象并不是问题的所在，关键在于找到造成孩子问题产生的根源，对症下药。即使你没有学者的睿智，你也要用一颗学者的慧心来要求自己，学会理解孩子、引导孩子，包容和帮助他们。

"问题"孩子源于"问题"教育

现在不少父母由于工作忙碌，生活压力大，特别是一些年轻的父母，所承受的压力是无法比拟的，在面对孩子的教育上就更是力不从心，很少有时间坐下来陪孩子说话、玩耍。正所谓有什么样的行为就有什么样的结果，"问题"教育带来的是"问题"孩子的增多。

"问题"孩子已经成为一种普遍现象。这些"问题"孩子主要表现为社交退缩、焦虑抑郁、违纪、多动症和具有攻击性等。在漫长的教育生涯中，孩子总像随时要爆炸的炸弹，不知道什么时候，你心目中的乖宝贝，会变成混世魔王或者沉默羔羊，他们身上的问题，总是层出不穷，让父母心力交瘁，痛苦不堪。

在工作中，陆先生是一个成功的商人，可在家庭生活中，他却是一个失败的父亲。13 岁的女儿特别叛逆，还常常做出一些出格的事：抽烟、文身、骂人。"我很后悔，只给了她物质方面的满足，却从来没进入她的内心世界。"陆先生的女儿从小就是在寄宿学校度过的，而且都是贵族式的，可多年的寄宿生活却让女儿变得很怪异。有一次，她怂恿班上几个同学一起去砸教室的灯，只是为了引起老师的关注。"可能是女儿太空虚了，从小到大，我和她谈话的次数很少，导致现在她根本不愿意和我们交流，即使在家，也是上网、打游戏。"

现实生活中，一旦孩子出现问题后，父母的第一反应就是"病急乱投医"，却从不管孩子是否能够接受。其实，现在很多问题孩子所表现出来的叛逆，基本都是青春转型期常见的问题，只要父母给予正确的指导，问题孩子的问题就一定可以解决。

那么，如何正确教育问题孩子呢？

第一，最大限度地理解、宽容、爱护问题孩子。问题孩子不一定是坏孩子，由于未成年的孩子正处在身心发展阶段，是非观念尚未成熟，对一些问题有不正确的看法或错误的做法是难免的。这时，少年儿童向善向上的本质需要加以保护，家长不能因为孩子犯错误就把他当作坏孩子。问题孩子中的错误，大多是心理问题，而不是道德问题。孩子的行为动机往往是纯真的，也许是好奇心、表现欲所导致的行为过失，不能轻易或者盲目地定性为道德品质问题。孩子们犯了错误，他们迫切想得到的是理解和帮助，而不是粗暴的批评和惩罚。他们正是通过不断从错误中吸取教训而成长、成熟起来的，家长应该最大限度地去理解、宽容、爱护他们。

李圣珍是北京通州二中化学老师，数年前就开始全职在家，一门心思地担起"母亲"的责任，教养13个来自9个省市、4个民族的孩子。这些年，她调教出了一批特殊的子女——50多名被他们的家长视为"笨孩子""无可救药""傻孩子"的"问题孩子"，如今大半已考入国内重点大学，多位赴日本、欧美等世界一流大学留学深造。许多孩子经她手把手的调教后，少则数月，多则一年，全部"脱胎换骨"，由原来被家长和老师评判为"在教育方面已经没有希望"的"教育弃儿"，变成了深受学校和家庭欢迎的"希望之星"。这些孩子，有学习障碍的，有健康疾患的，有品德缺陷的，还有心理问题的，但是在李圣珍老师眼里，没有问题孩子，她总是最大限度地理解、宽容、爱护他们。

第二，为问题孩子营造宽松愉悦的成长环境。父母的才干不仅表现为渊博的学识，更重要的是要善于为孩子营造宽松愉悦的成长环境。当孩子处在轻松愉快的状态时，记忆力会大大增强，联想也会更加丰富。在这样的状态下，学习效率会大大提高，学习潜力可以得到更大发挥。对问题孩子要讲究爱的情感、爱的行为和爱的艺术。爱孩子，就必须善于走进孩子的情感世界，把自己当作孩子的朋友，去感受他们的喜怒哀乐。有时一个关爱的眼神，一句信任的鼓励，都能赢得孩子的爱戴和信赖，会使他们的潜能发挥出来，使他们能充分享受到学习成功的乐趣。

有个孩子因为学习不太好，对老师的提问常常不能回答，在课堂上也不敢举手，但又怕同学们说他笨，往往举了手却回答不出问题，他为此十分压抑和自卑。这位老师在了解了他的情况后，和他秘密约定："以后回答问题，要是你不能回答就举右手，能回答就高高地举起你的左手。"这样一来，孩子信心大增，慢慢地，他举起左手的时候越来越多，学习也赶了上来。

总之，父母在面对问题孩子时，应该给予他们更多的宽容，沉着冷静地处理，少用训斥、打骂等简单方法，多用说服教育、鼓励、正面引导、沟通交流等方法来疏导、引导孩子朝积极方向发展。

给孩子犯错的权利

发展心理学认为，孩子小的时候，像一盘录像带，需要预演与体验所有的情绪与行为，留下适当的印痕，在今后成长的道路上，这些印痕都是可利用的资源。孩子可以通过"心理反刍"，找到较为合适的应对方法。孩子小时候犯一些错误，通过错误来认知与外界或他人的关系，也可以获得对错误的部分免疫。

法国作家罗曼·罗兰说："人生应当做点错事。做错事，就是长见识。"任何尝试都有可能犯错，不允许孩子犯错，就是不允许孩子成长。"人非圣贤，孰能无过？"在学习、工作和生活中，家长都难免会犯各种各样的错误，更何况是天真无邪的孩子呢？

在孩子懵懵懂懂的成长过程中，由于身体和思想等方面都不够成熟，做事难免会出错。家长认为的一件微不足道的小事，在孩子看来也许并不那么容易对付。因此，孩子做错了事，家长不能以成人的眼光和标准去评判，而应该以一颗宽容的心给孩子犯错的机会。

"鼓励孩子犯错"的观点，也许会受到许多家长的排斥。其实，鼓励只是一种手段，培养孩子的"悟性"才是真正的目的。孩子的悟性往往都是从错误中得来的，这与"失败乃成功之母""吃一堑、长一智"等古训如出一辙。当然，这里的"错误"并不是指违法乱纪等原则性的错误，而是孩子在求知过程中因认知能力的稚嫩导致的失败、经受的挫折和多走的弯路。

父母应该把孩子的错误当成学习的过程，允许他犯错误，让他在错误中学习真理，学到做事的正确方法。该由孩子自己做的事情，就要敢于放手让他们去大胆地想、大胆地做、大胆地试。只要有利于孩子思维的创新，有利于孩子身心健康的成长，就应该允许并鼓励他们犯一些"天真"的错误。只有这样，才能使孩子逐渐培养起从失败走向成功的自信，不至于成为缩手缩脚、畏首畏尾的弱者。

意大利的朗根尼西说过："不要给我忠告，让我自己去犯错。"一个人怕犯错，就是畏惧现实；一个人想逃避犯错，就是逃避现实。因此，家长在养育孩子的过程中切勿以个人的喜好左右孩子的成长，应该以孩子的成长需要为根本，辅助他们身心的发展和统一。每个孩子都应该在孩提时代多犯一些错误，父母对此应该抱着宽容的态度，小时候犯错是为了保证孩子在踏上社会后少犯致命的错误。

出于对孩子的担心，许多父母选择对孩子从小到大过度保护的典型方式，就是不让孩子犯错。对孩子的所作所为，父母一贯持有大包大揽的态度——比如孩子选择朋友，父母要介入，防止那些"坏孩子"影响自己的孩子；孩子想穿自己喜欢的衣服，父母要介入，防止孩子奇装异服以免"有失体统"；孩子选专业，父母要介入，防止他们学习那些"烂专业"……

孩子亲自做的事情越少，他可能犯错的机会就越少，他能从错误中学习的经验就越少。有些错误，非得是要孩子亲自犯过，才能有所领悟。从来不犯错的"乖孩子"，就像平时没有接触过风雨和寒冷一样，反而越保护越虚弱，毫无抵抗力。

"乖孩子"被父母一路保护，进入社会后，父母不再有能力继续保护下去，这种孩子稍微碰到一点不顺心的事情，就表现得过于敏感和无法接受，甚至出现领导批评一句就选择自杀这种极端案例。

所以说，不是不管孩子，而是要管在对的地方，该管的地方不管，不该管的地方管得起劲，最终的结果只能是费力不讨好。

　　总之，孩子犯错误，是孩子成长中必经的体验。让孩子有机会品尝其行为造成的不良后果，这样他才能长大，才能"长记性"，这就是"吃一堑，长一智"。管教孩子，不等于竭尽全力不让孩子犯错误，孩子犯错误，也不等于父母教养的失误，更不等于孩子的成长有问题。父母要鼓足勇气，有意识地让孩子犯错，以使孩子学会独立。当孩子为所犯的错误而难过时，父母不应以怜悯的态度对待孩子，或者在孩子面前唉声叹气，更不要劈头盖脸地责骂孩子，重要的是让孩子明白，失败、错误没什么大不了的，勇敢、聪明的人会从失败、错误中吸取教训，继续努力。

在错误中发现优点

　　青春期的孩子很有上进心，他希望得到表扬、肯定和鼓励。当他由于进步而受到父母的表扬和鼓励时，会获得心理上的满足感，精神上受到鼓励，思想上产生快感，进而克服逆反心理。因此，父母在和孩子沟通时，要用期望、信任和鼓励的、赏识的语言，用正面激励的方法。要学会尊重和赏识孩子，看到孩子的成长和进步，尊重孩子的自尊心，相信孩子有独立处理事情的能力，尽可能支持他。赏识可以发出巨大的能量，给孩子巨大的驱动力，缓解孩子的逆反心理。

　　父母不要光盯着孩子的短处，更不要全盘否定孩子，拿孩子的弱点和别人的优点比较。应尽可能发掘孩子的优点，多鼓励和欣赏你的孩子，这有助于减少孩子对父母的抗拒心理。

　　其实，父母发现孩子的错误并不难，难的是从错误中发现孩子的闪光点，然后用赞扬的态度和语言去教育，使其认识到自己的错误并改正。

　　每个孩子都是在不断犯错误、纠正错误的过程中成长起来的。如果你一看到孩子犯错误，就不分青红皂白地责骂孩子，这样又如何能从孩子的错误中找到闪光点呢？比如，对于孩子犯错后敢于承认、担当，要给予奖励和赞赏，肯定孩子这种勇于承认错误的精神，而不是追究孩子的错误。要知道不当的责骂或体罚，会在不知不觉中伤害孩子。所以说，重要的问题不在于孩子是否犯错误，而在于父母采取何种态度让孩子认识并纠正错误。实际上，善于在孩子的错误中发现优点，用赏识的态度去教育孩子纠正错误，比严肃的批评和打骂更有作用。

"妈妈，对不起，刚才我收拾房间时，把您给我买的新闹钟摔坏了。"孩子低眉顺眼地向妈妈认错，期望能够得到妈妈的谅解。

"什么，那是我从国外给你带回来的，你真是个败家子！"

说着，妈妈急匆匆跑到孩子的房间里，看到了那个已经一动不动的闹钟，气得狠狠地瞪了孩子一眼，丝毫没有看到收拾得干干净净的房间。

妈妈坐在客厅的沙发上数落孩子，孩子知道自己犯了错误，在一旁不说话，偶尔说一句："妈妈，我真的不是故意的。"

孩子为什么会摔坏闹钟？是因为孩子收拾房间不小心摔坏的，所以父母首先应该看到孩子做得正确的地方，对优点给予充分的肯定。如果像上面那位妈妈那样只知道心疼自己从国外买回来的闹钟，不停地责备孩子，那么可想而知，孩子下回还会主动承认错误吗？如果孩子今后做错了事，会不会为了逃避妈妈"狂风暴雨"式的责备而说谎话？因此父母在对待孩子犯错误时，一定要学会以赏识的目光看待。

孩子犯了错误，父母难免会责备孩子，但是责备的方法有很多种，如果方法不当，可能会影响孩子的一生。而如果家长善于找到孩子错误中隐藏的优点，然后赏识孩子，不仅可以让孩子充分认识错误，而且还会继续保持这个优点，从而养成良好的对待错误的习惯。所以，面对"坏"孩子，家长更需要竭力去找他们的闪光点，哪怕是沙里淘金，哪怕是微不足道，都需要出自真心地去赞扬、鼓励和引导。

孩子随着年龄渐长渐大，听到父母的表扬逐渐减少，而批评逐渐增多，有的孩子甚至经常受到"狂轰滥炸"式的批评。父母应当认识清楚，孩子是在周围人的评价中认识自己、寻找方向、不断前进的。父母对孩子的评价至关重要。肯定性评价会使孩子获得愉快的心理体验，产生好好干的激励作用；否定性评价会使孩子心理不愉快，一方面可能反思问题，努力改正，另一方面也可能减弱自信，产生自卑。

优秀的父母，总能在孩子的错误中发现优点。只要你在日常生活中细心观察，就总会发现孩子有进步的地方——这就是值得表扬的优点：孩子的进步可以是多方面进步，也可以是单方面的进步，比如可能一次考试进步，可能在劳动或公益活动方面表现较好，可能文艺、体育取得好成绩，可能爱好编程、模型制作……总之，要拿孩子的今天比昨天、比前天，哪怕发现一点微小的进步，也应及时肯定。不应该横向比或高标准要求，认为不值得一提就漠视点滴进步、吝啬表扬。

教会孩子直面失败

　　天下父母，谁都希望自己的孩子能顺顺利利地走向成功。当人们面对"失"的时候，并不是每个人都做好了充分的思想准备。尤其是那些逐渐将视野投向社会的青春期孩子，更有可能因为各种挫折而茫然，心生颓意。

　　很多青少年之所以心理承受能力差，就是因为他们不懂得接受失败，一旦失败就会情绪暴躁、捣乱，令父母苦恼不已。

　　高一年级班主任的吴老师了解到自己的学生大部分都来自不同的学校，而这些能考上重点高中的孩子，都是各个初中升上来的学习佼佼者，可是这些学生似乎除了学习对什么事情都漠不关心。在与学生接触的近一个学期中，吴老师发现，这些孩子中有不少孩子因为学习优秀，有一种优越心理，使得他们在其他方面表现出争强好胜而不肯丢面子的心理，不能容忍失败，不能接受自己失败的事实。因此班级里的很多工作都很难开展。这些孩子的自我中心意识都比较强，因为看重成绩他们争强好胜，可又怕失败，所以不是到万不得已时不会去"尝试"自己没有把握的事情，并由此产生了比较脆弱的心理，一旦遇到失败或挫折，很容易将自己脆弱的心理保护起来。

　　因此，吴老师决定"逼迫"全班的同学报名参加秋季运动会，比赛结束后，吴老师又就比赛的结果召开了一次"我看失败"的主题班会，故意让一些失败的同学"丢丢面子"。在班会上，吴老师讲了一番话：

"同学们，我们班级在这次运动会中，取得了第一名的好成绩，不过是倒数第一名。有些同学在尽自己最大努力的前提下'丢了面子'。实际上谁也不想失败，因为失败后的心情毕竟是痛苦的，但是每个人又避免不了失败。有成功就有失败，问题的关键是我们以什么样的姿态去面对失败。大家都是学习上的尖子，学习好可以说是你们的优势，也正是这种"优势"掩盖了其他方面的欠缺。可是当你们来到新的环境之后发现每个人都是学习上的强者。不能借助"学习好"而弥补其他方面的不足了，此时便感到了压力，害怕失败。这是我们心理上自我准备不充分的结果。人是在不断体验失败、战胜自我中成长的，无论面对顺境还是逆境，请大家相信自己的能力，平和看待胜负。"

遇到挫折、失败，并不可怕，只要用积极的心态去面对，一定能走出不利的困境。只有以积极的心态面对失败，化不利为动力，才能有所作为，取得成功。想成功，必须拥有积极的心态坦然面对失败，能经受住失败的考验，在失败面前不灰心、不气馁，用持久心战胜一切。

那么，如何教会孩子直面失败呢？

首先，要提高孩子的心理承受能力。孩子的心理承受能力差，很大程度上源于父母的溺爱和过度的保护，使孩子得不到磨炼，无法经受困难和挫折，内心十分脆弱。尤其是一些性格内向、学习成绩差、单亲家庭、犯过错的孩子，心理承受能力往往不如其他的孩子。如果父母不能给予他们正确地引导，这些孩子在遇到失败和挫折时，心理的郁积得不到舒展，久之，就会给自己带来强大的精神压力。因此，父母要尽力提高孩子的心理承受能力。

一方面，父母要鼓励孩子坚强、自信地面对，让孩子懂得压力人人都会有。在遇到麻烦、心理压力时，要教会孩子应对困难，克服压力的办法，以增强孩子的勇气和信心。另一方面，要想办法提高孩子的自我效能感。自我效能感是人们对自己是否能够成功做某事的主观判断。有了强烈的自我效能感，孩子将能自信满满地去迎接一切挑战。

其次，培养孩子面对失败的健康心态，以积极的心态迎接成败得失。父母要告诉孩子，把失败看作生活的一部分。这种健康的心态包括以下内涵：一是遭遇失败时的从容和淡定；二是能够清醒地分析失败的原因并从中吸取教训；三是能够在失败之后重新奋起。对于青春期的孩子来说，这种认识和理念的形成也不是一朝一夕之功。因此，父母要将这种理念逐渐渗透给他们。

当孩子面对挫折、得失时，父母要避免做出任何否定、消极的反应，这种反应只会加重孩子的挫败感。父母不妨改变一下方式，变消极否定为积极鼓励。这样，既在客观上承认了孩子的失败，也充分肯定了孩子的努力，保护了孩子的积极性，同时还要为孩子指出继续努力的方向。

最后，帮助孩子制订一个适度的目标。适度的期望是相信孩子的表现，能帮助孩子发挥潜能。父母不能轻易否定孩子，要相信孩子有能力去做好一件事。同时，要从孩子自身的特点出发，给孩子制订一个适度的发展目标。无论孩子是否能实现这个目标，都要给孩子一个客观的评价，孩子哪里做得对，哪里做得不对，该发扬什么优点、改正什么缺点等，使孩子保持一颗平常心，积极应对生活中的各种挫折。

发现撒谎及时纠正

几乎每个孩子都有过撒谎的行为，但并不是所有的撒谎行为都说明孩子存在着严重的道德问题。心理学家认为，孩子撒谎一般可分为"过失撒谎"和"有意撒谎"两种。过失撒谎大多是无意的，非功利性的。过失撒谎性质不算严重，也比较容易纠正。而有意撒谎则不然，它是孩子的主动行为，大多是故意编造，带有明确的功利性。家长一旦发现孩子撒谎时，应及时指出并给予纠正，若不然，就会形成不诚实的恶劣品质。

不过，很多家长在纠正孩子撒谎行为的过程中，往往气急败坏，急于求成，不讲方法，以致达不到好的效果。

10 ~ 18 岁的孩子正处于青春期与叛逆期交织的阶段，开始拥有自己的隐私，不喜欢家长过多干涉，"趋利避害"往往就会出现经常性撒谎。父母对孩子的撒谎行为应当首先搞清楚动机和性质，然后根据不同情况采取有效的措施进行纠正，使得教育能够对症下药、有的放矢。不但要从孩子的身上找原因，而且还要反思自己的教育方式，到底是什么造成了孩子不诚实的态度？

孩子撒谎有各种各样的原因：

第一，为了引起注意。孩子有想通过别人的注意来肯定自己的存在的特性，如果孩子有过说谎能引起成人关注的经历的话，那么，孩子就可能会用这种方式一而再、再而三地引起他人的注意。

第二，家长的教育不当。孩子模仿性很强，家长的不诚实行为不仅会对孩子产生潜移默化的影响，还会在他们的心灵播下自私自利、损人利己的种子。

第三，为了达到某种愿望。有时，孩子为了达到某种渴望已久的东西，以为撒谎就能达到目的。这是由于孩子的心理活动和思维发展尚不完善造成的。

第四，为了逃避某些事情。有时孩子说谎是为了逃避某些事情，比如孩子不愿去上学，就找借口说"我肚子疼"。

第五，因害怕训斥、打骂。有些家长，每逢孩子做错了一件事，便要打骂孩子，孩子怕骂怕打，便用说谎来掩饰自己的过错。

从以上几点因素中，我们可以得知，孩子撒谎并不都是自己的错，父母也有过错。

哲学家罗素曾经说过："孩子不诚实几乎总是恐惧的结果。"少儿心理问题专家也说：孩子说谎有种种原因，其中一个原因就是出于无奈，撒谎有时是父母逼的。这可能是很多父母都没有想到的。

找到了孩子撒谎的根源，往往就容易对症下药：

第一，预防很重要。孩子撒谎本身并不可怕，重要的是对此要有正确的认识和态度。想让孩子避免撒谎，应从小做起，从预防入手。在孩子进入青春期之前，父母的严格控制发挥了一定作用。但是到了青春期，严格控制就不能完全发挥功效了。这时，如果父母不是想着做出改变，而是加紧控制孩子，那孩子就会强烈反弹，因为青春期的孩子有很强的独立意识，不再甘愿受控制。这时，父母必须向民主型的父母转变。

第二，父母要做好榜样。要想教育出诚信的孩子，父母首先要讲诚信。父母是孩子的第一位老师，对孩子的性格养成有着潜移默化的影响。

第三，给孩子下台阶的机会。教育心理学研究表明，大人的预言会决定孩子对自己的评价，从而决定孩子的努力方向。所以，在孩子面前不要轻易地冠以"撒谎"这样一个罪名。这不但会使孩子的自尊心受到严重的打击，也会使孩子产生一种负疚之感。面对孩子撒谎，家长应该给孩子一个下台阶的机会，那就是为孩子"找梯子"。比如说，今天孩子说谎了，家长可以给他讲一个关于诚实的故事，启发孩子要做一个诚实的人。实际上，这样的效果会比打骂的教育方式好得多。

第四，奖励诚实行为。父母要帮助孩子认清"说谎不会成功，即使蒙混过关，也不过是暂时的，而诚实会减轻对他过失的惩罚，撒谎则会受到更严厉的惩罚"的道理，同时应该不断地教育孩子要诚实，孩子有了诚实的行为应及时给予鼓励和奖励。在纠正孩子的撒谎时，奖励诚实行为比惩罚撒谎行为更为重要和有效。所以，父母在日常生活中要有意多表扬孩子的诚实之处，奖励孩子的诚实行为，这样，孩子就能体会诚实比撒谎更有好处。

避免走入嘲讽孩子的误区

有些父母对孩子抱有极大的期望,望子成龙、望女成凤的心十分迫切,最希望看到的是孩子身上的成长与进步。每当孩子达不到他们要求的时候,往往有恨铁不成钢的感觉,对孩子一味进行指责、谩骂,甚至嘲讽。父母以为这样可以激发孩子向上的信心。其实不然,嘲讽只会使孩子上进心、自尊心受到伤害,对孩子的精神健康造成无法挽回的严重损失。而孩子最希望从父母那里得到的是赞赏和鼓励。不明智的父母对孩子一句公开的嘲笑或讽刺,就可能使孩子失去自信。因为,没有什么比父母的嘲笑或讽刺更能打击孩子的自尊了。并且,父母的嘲讽往往会使孩子变得感情冷漠,对家庭充满厌恶与反感,进而引发孩子的反抗和报复心理,使孩子和家长之间出现感情壁垒。

李杰是一个事事追求完美的孩子,每做一门作业,都希望做得最好,因此每天放学后,总有做不完的作业。

因为力求完美,李杰花在作业上的时间很多,以致晚上睡得很晚。睡眠不足,上课时便无法集中精神,如此恶性循环下,李杰的成绩便每况愈下了。而李杰两个弟妹却聪明伶俐,相比之下,李杰便成了父母心目中的笨孩子。

李杰的妈妈经常在亲友和邻居面前公开嘲笑他:"瞧你那副蠢样子!

你真是一头笨驴。"从此，"笨驴"李杰便成为父母、邻居和同学嘲笑的对象。李杰心中也觉得自己很笨、没有用处，原本不大理想的成绩更见低落，初三考了四次也没考上一所像样的高中。李杰自知无法升读高中，也觉得自己比别人笨，只有出来工作。由于李杰对自己失去信心，每份工作都做得不好，甚至还被老板开除。

从以上这则事例中，可见父母如果经常嘲笑和讽刺孩子，对于孩子的负面影响是何其深远！

每个孩子都有他的优点，也有其弱点。当弱点显现，导致他在某件事上失败时，有些父母就会对孩子采取嘲笑和轻蔑的态度去数落他、贬抑他。父母的用意可能是想刺激孩子的奋发心，使他再次振作起来，可是这样做不但无法产生正能量，反而会导致不良的结果。孩子连连挫败，他自己已感到非常失望，希望得到安慰，此时，父母不但不加以鼓励，反而一再数落他、讥笑他、贬抑他、小看他，这样只会使孩子更加失去信心、继续失败，一直到完全陷入绝望的境地中。

有时，父母并不是有意伤害自己的孩子，但是在盛怒之下，嘲讽的语言就会脱口而出，事后父母也会忘得一干二净，甚至不知道自己说了些什么，自然也不清楚这些嘲讽的话对孩子的伤害有多深。可是孩子不会忘记父母对自己的嘲讽，有的嘲讽会给孩子造成刻骨铭心的伤害，多少年以后，孩子还仍然记得家长所说的话。

苏联教育家马卡连柯说过："嘲讽，如嘲讽挖苦一样，会使人失去自尊，没有自信。孩子正处于培养自尊和自信的关键时期，家长在任何时候，都切忌嘲讽自己的孩子。"那么，父母应如何才能避免走入嘲讽孩子的误区呢？

第一，遵循孩子的成长规律，提出合理要求。要使教育获得成功，就要全面了解孩子身心发展的实际水平，遵循孩子生理和心理的发展规律。无论是让孩子学做家务劳动，还是让孩子学习文化知识，都要从孩子实际身心发展情况出发，遵循从易到难的顺序进行，忽视了这一点就难以获得应有的效果。

　　第二，控制情绪，平衡心态。当孩子犯了错误或做出一些令家长难以接受的行为时，有些父母一时过于激动，控制不了自己的情绪，不听孩子的解释，就对孩子进行训斥、嘲讽。所以，家长应学会冻结自己的冲动。

　　嘲讽就像一堵墙，会成为亲子之间无形的障碍，会造成亲子的对抗。孩子可以接受家长的批评，但绝对接受不了父母的嘲讽，因为嘲讽对孩子心灵的伤害实在太大了。所以，父母在教育孩子时，一定要深思熟虑，千万别把带着嘲讽的话语甩给孩子。

不和逆反的孩子较劲

"逆反心理"不一定是坏事，只是孩子适应外在环境的一种正常的心理机能，是孩子从幼稚走向成熟，从依赖走向独立的过程。而从家庭教育的角度来说，孩子以叛逆的态度和行为来对待父母的劝导、说教，常常是基于自我与独立意识的觉醒，以及自我保护的本能或探究未知事物的强烈欲望。但是如果父母不能正视与积极地疏导与化解这种心理，那么，很有可能使得他们对人对事多疑、偏执，与父母感情疏远、关系僵化。

当孩子出现叛逆时，父母应及时和孩子沟通，帮助孩子树立正确的生活观念。不要对他的行为泼冷水，也不要采取强制的手段，要多给孩子一份爱心和宽容。

青春期孩子的逆反问题虽然复杂，但其实应对起来也很简单，基本原则就是：千万别和青春期的孩子较劲。

也许在这一点上，你一下子还想不通，下面这个故事可能会给你启发。

两个即将高三毕业的孩子，分别向父母提出准备搬到外面去住的想法。一个父亲说："怎么了，家里容不下你啦，好好在家给我呆着，别出去鬼混不学好。"另一个父亲则说："好啊！准备搬到什么地方，需要爸爸帮忙就说。"

但结果却很出人意外，让孩子在家待着不能搬出去，孩子反而就是要搬出去，为此，父子俩还发生了争吵；没有阻拦孩子搬出去住的父亲，他们家的孩子反而选择不搬出去住了。原来，第一个孩子听到父亲的话那么武断，感觉一点商量的余地都没有，即使在家里待着也没意思，不如搬出去好。另一个孩子则从父亲的话语中感到了亲情的温暖，觉得家里住着更幸福、更温馨，于是决定留下来了。

可见，面对青春期的孩子，父母的态度非常重要。青春期的孩子已经有了独立的想法，渴望摆脱对父母的依赖。如果孩子事事依赖父母，那才真正让父母操心呢。不必因此担心这样会使孩子没有制约，会放纵孩子。依靠父母的权威并不能完全真正制约孩子。

对待孩子的逆反，父母要懂得该如何对孩子采取积极的教育方式：

第一，保持自己头脑冷静。孩子叛逆，父母一般会不满，并用自己的权威来压制孩子。其实，此时父母应该保持冷静，等孩子冷静时，再进行沟通。孩子叛逆时，言语和行为会犹如暴风雨，不懂得控制自己。但父母应该学会控制自己的情绪，心平气和地去引导，不能一看到孩子顶嘴就大发雷霆、火冒三丈，甚至对孩子拳脚相加，这样反而会使双方的情绪更加对立。父母应与孩子坐下来，心平气和地与孩子倾心交谈，达成共识。

第二，平等地和孩子沟通。父母应站在孩子的立场分析孩子叛逆的原因。但是，孩子有自己的思维方式和处理问题的方式，父母应该放下架子，耐心听一听孩子自己的想法，从感情上、从具体事件上与孩子达成一致，做一些适当的让步。父母要有这样的胸怀和自信——你在原则限度内的示弱，除了使你显得更有人情味之外，并不会有其他影响和损失。随着孩子日渐懂事，会更加理解和体贴父母，那时，父母和孩子的关系会更加亲密和融洽。

第三，反思自己的教育方式。很多时候，当你超脱自己的角色，用第三方的角度观察孩子叛逆的问题，也许就会发现，问题不一定都在孩子身上。家长一般都会认为自己是对的，自己从前都听父母的，自己的孩子也该听自己的。因此，孩子不顺从，就成了叛逆。所以，父母有时必须谦卑，放弃自己的执着，以不同的角度看待孩子。

第四，艺术地批评孩子。父母看到孩子犯错误就一味地批评，很容易会刺伤孩子的自尊心而使其产生逆反心理。在孩子的"叛逆"中往往蕴藏着极其宝贵的品质：独立的思想、独特的个性，对真理的探索，对权威的质疑……如果父母先对孩子的优点给予肯定和表扬，再指出不足和错误之处，孩子的自尊心得到了满足就会乐意接受和改正。

第五，引导孩子理智化。有些问题如早恋，家长应对孩子进行有情、有理、有据的说服、劝导，尊重孩子的感情和人格，让孩子自己去思考问题。同时，用具体事例改变孩子的固有思维，用自己的冷静、理智换取孩子明智的选择。

第5章

恨铁不成钢反
而让孩子更厌学

　　没有哪位父母不热切期盼自己的孩子成材的，为此，他们恨不得让孩子掌握所有的知识和技能，以致沉重的学习负担压得孩子喘不过气来，而父母的恨铁不成钢又让孩子更加讨厌学习。然而，天才没有速成班，父母需要放慢脚步，给孩子的学习提供宽松的环境和惬意的空间。父母要让孩子在"慢学习"的方式中把握自我、平衡自我，让孩子在学习生活中找到适合自己的节奏和行为方式。父母不能追求一时的速度与效率，要让孩子感到学习是快乐的，成为学习的主人，不透支健康，不消泯激情，不异化快乐，从而保持长效的学习动力。

孩子厌学有原因

父母希望自己的孩子聪明好学，学有所成。但现实是，不少孩子一上课就犯困，一写作业就发愁，一提到学习就头疼，更有甚者到了旷课、逃学、厌学的地步。为此，父母苦恼不已，"好好的孩子为什么会产生厌学、逃学的情绪呢？到底是哪个环节出了错？"

是的，面对孩子讨厌、逃避学习时，父母抱怨与愤怒都是愚蠢的做法。这时，最重要的是要学会用理智和有效的方法来应对孩子，及时分析其中原因并解决孩子所处的困境。

对于青春期的孩子来说，学习成绩对其日后的升学和前途有着直接的影响，这在一定程度上会给青少年带来巨大的心理压力。分数下滑、严重偏科、学习吃力、学习兴趣低、父母对自己期望过高等因素都会造成厌学情绪。另外，父母对孩子的期望往往会超出孩子的实际能力，这样，孩子等于是在家庭与学校之间的夹缝中生存。有些孩子的父母感情出现了纠纷，家庭关系不可调和，更容易让孩子感觉内心孤苦无助。于是，为了缓解自己心里的压力，孩子会寻找令自己更自由的空间，以此来忘却家庭给自己带来的痛苦。这可以说是孩子的一种排解，或是逃避现实，逃学就成了唯一的出口。

此外，缺乏良好的学习习惯和学习方法，心理充满挫败感，没有体验到学习给自己带来的成就价值，再加上有些孩子由于性格的原因导致的人际交往问题，对学校生活产生了恐惧，开始逃避上学，最终也会产生厌学的心理。外界的诱惑。交友不当、不良迷恋等也是构成孩子厌学的主要因素。

以上种种因素都是导致孩子厌学的根源，严重干扰着孩子对知识的学习和对人生的追求，阻碍和影响着孩子的健康成长。

对待孩子的厌学情绪，放任自流和粗暴对待都是极不理智的，甚至还可能会激化这种情绪。父母要以关心、信任和尊重代替冷漠、压制和强迫，积极引导孩子们摆脱厌学情绪的困扰。

首先，父母要从心理上为孩子减负。尽量减轻孩子的心理和学业负担。如果压力过大，孩子受不了的时候，就会产生厌学心理，有的孩子干脆离家出走。因此，父母要尽量减轻孩子的负担，结合青春期孩子的心理特点，做到寓教于乐，劳逸结合。

其次，坚持正面教育，要看到和发现孩子身上的闪光点，及时表扬孩子的任何一个进步。即便是只取得了小小的成绩，也应及时给予表扬。要经常与孩子进行心灵的交流，向孩子传递爱和期望，帮助他发掘学习的兴趣。

再次，为孩子创设成功的机会，激发孩子的成功信念。厌学的孩子常常对学习存在认识上的偏差，过低估计自己的能力，并且，青春期的孩子试图摆脱对父母的依赖，随着成长不再为父母而学，因此，父母有必要主动给孩子创设成功的机会，让孩子体会学习活动的乐趣和成就感，让孩子对学习重视起来，掌握正确的学习方法，体会其中的乐趣，增强成功的信念。

最后，鼓励孩子，增强学习积极性。厌学是过多负面情绪累积的结果。鼓励产生的是积极的效果，当孩子学习成绩提高时父母要及时给予鼓励。让孩子喜欢学习。平时不要给孩子的学习订立过高的目标。只要孩子学习有进步，就不要吝啬鼓励和表扬，更不能因为孩子学习没有起色就批评惩罚孩子。

　　总之，只要父母能对症下药，有的放矢地说服孩子，耐心为逃学、厌学的孩子做好心理辅导，并取得老师的积极配合，就可以解开孩子的心结，让孩子爱上书本、爱上学习。

兴趣是最好的老师

爱因斯坦有句名言："兴趣是最好的老师。"古人亦云："知之者不如好之者，好知者不如乐之者。"兴趣对学习有着神奇的驱动作用，能变无效为有效，化低效为高效。

不少孩子厌学，是因为对所学的学科不感兴趣。而没有兴趣，就很难让孩子坐得住"冷板凳"，因为学习本身是一件十分艰苦的事，需要坚强的意志作后盾，而孩子的自控能力往往又不强。试想，如果孩子对学习不感兴趣，学习时就会容易分散注意力，自然就不会取得预期的效果。而如果孩子对一件事很感兴趣，他就不会因为困难而退缩。

具体来说，兴趣对一个人作用表现在以下几个方面：

首先，对未来活动的准备作用。例如，对于一名学生来说，对化学感兴趣，就可能激励他积累各种化学知识，研究各种化学现象，为将来研究和从事化学方面的工作打基础，做准备。

其次，对正在进行的活动起推动作用。兴趣是一种具有浓厚情感的志趣活动，它可以使人集中精力去获得知识，并创造性地完成当前的活动。美籍华裔学者丁肇中教授就曾深有感触地说："任何科学研究，最重要的是要看对自己所从事的工作有没有兴趣，换句话说，也就是有没有事业心，这不能有任何强迫。"

最后，对活动的创造性态度的促进作用。兴趣会促使人深入钻研、创造性地工作和学习。就孩子来说，对一门课程感兴趣，会促使他刻苦钻研，并且进行创造性的思维，不仅会使他的学习成绩大大提高，而且会大大地改善学习方法，提高学习效率。

小时候，父母并没有刻意鼓励姚明把篮球当作自己将来的事业，他们只是让姚明做自己喜欢的事情。他们希望他和普通的孩子一样读书、上大学、找工作，然后找到自己的生活方式。但姚明最终还是选择了篮球。后来他发现自己真的非常热爱篮球。

姚明的父母和他当年的老师、教练以及不少同学都说，其实刚开始他并不喜欢篮球，对当年的他来说，篮球只不过是一种游戏。姚明的父亲说，小时候，姚明和其他男孩子一样，喜欢枪，后来爱看书，尤其爱看地理方面的书。有一段时间还对考古产生了兴趣，再往后，喜欢做航模，他第一次在体工队拿了工资，就去买了航模回来自己做，再后来就喜欢打游戏机了。

在学习上，姚明的父母从来不逼迫姚明，而是以启发为主，重视培养他的兴趣。这种方式让姚明享受到了学习的乐趣。长大之后，每当有人问起他的童年，他都会说："我是玩过来的，没人逼迫我学习。"其实，他所谓的玩就是读自己喜欢的书，研究自己好奇的东西。由于乐在其中，就好像在玩一样。

总之，每个孩子对知识的学习和掌握，都是被兴趣牵引着一步步实现的。父母应当珍惜孩子求知的兴趣，并积极地给予保护和鼓励，从小引导孩子在自主求知中快乐学习。既要顺其自然正确地培养孩子的学习兴趣，同时又要循序渐进，正确引导，这样，才可能收到很好的效果。

那么，如何培养孩子对学习的兴趣呢？

第一，使书桌变成孩子感兴趣的地方。孩子学习做功课需要有一个好的环境，一张自己的书桌是必不可少的。把书桌变成孩子感兴趣的地方，就会使孩子对经常在书桌上进行的学习活动感兴趣。书桌美观舒适，孩子一有时间就会坐到这里开始他的学习活动。

第二，每次学习时间不宜过长。当前家长对孩子的期望普遍过高，他们希望孩子学习、学习、再学习，只要孩子端坐在书桌前，不管其效率如何，父母就感到欣慰，因而总是催促孩子学习，不让孩子离开书桌，让孩子失去学习的兴趣，就会厌恶学习，还会养成磨蹭、注意力不集中的坏习惯。因此，父母不能忘记培养孩子的学习兴趣是头等大事。

第三，鼓励孩子获得成功，提高成就感。成功是使孩子感到满足，并愿意继续学习的一种动力。孩子一旦获得成功，就感到满足，并愿意继续学下去。因此，父母应该鼓励、引导孩子，让他们体验成功的喜悦。每个孩子的智力、接受能力有所不同，父母应该全面了解自己的孩子，根据自己孩子的具体情况为他们去制订一些容易达到的小目标，这样孩子就有信心，有动力去做，就会获得成功。当他体现到成功的乐趣时，就会有兴趣、有信心去实现下一个目标。

第四，让孩子做老师，提供运用知识的机会。父母可以与孩子一起学习，让孩子做老师去教自己，试着交换一下教和被教的地位，孩子站在教育者的立场，会提高其学习的欲望。

别老拿分数说事

在传统的教育中，一试定乾坤。由于分数，孩子被人为地划分为上、中、下几等，由于分数，孩子被锁定为聪明与愚蠢、有前途与没出息几类。时至今日似乎依然在显示着它的"威力"，可见考试成绩对孩子的重要性。

然而，父母应该清楚地意识到，教学的结果——分数是不能完全体现整个丰富多彩的教学过程的。以考试来评价孩子，仅仅是方法之一。把孩子的优劣单纯地以考试的分数来衡量，这显然是不科学的。更何况，传统的考试，方法单调、模式单一、测试手法雷同、试题答案唯一、缺乏灵活性和创造性。单凭分数，如何能衡量孩子的优劣呢？

父母如果老拿分数说事，对孩子的成长会造成很不利的影响。只看分数，会增加孩子的心理压力和学习焦虑感，从而导致厌学。分数绝不是学生的一切，某一次考试绝不代表孩子学习的全部。可惜父母们往往是望子成龙，望女成凤，急功近利，如此适得其反。父母过分看重分数，无形中给孩子增加了心理压力，导致学习时过度焦虑，致使孩子对某些学科失去信心，产生厌学情绪。

只看分数，会极度挫伤孩子的学习积极性。每逢考试结束，孩子带着试卷回家，很多父母的第一句话总是：考了多少分？当获知成绩后，父母总是表现出不满意的表情："才98分呀，下次努力。""这次考了100分，下次可要保持住啊。"事实上，父母对孩子的要求从来就很高，对孩子的现状从来就没有满足的时候。孩子在得到这样的答复后会怎样想呢？这样的孩子还有多少学习的积极性呢？

媛媛的学习成绩很好，小学毕业后她进入了一所重点中学。每次考试，媛媛的分数还都是不错的。可是，媛媛的邻居却经常听到媛媛家传出妈妈训斥她的声音。经过了解大家才知道，原来媛媛的妈妈很不满意她在班级里的排名——即便考了好分数，但媛媛在班级排名总是中等，再也不像小学时那样经常名列前茅了。

妈妈经常很严厉地对媛媛说："你这个成绩和你们班的第一名差得太远了，什么时候你也能考出那样的高分，以后才有可能考上重点高中，然后才有可能考上好大学。说别的没有用，只有分数才是硬道理，你给我记住了！"

一个在外人眼中学习很好的小学霸，但在妈妈看来，却是"差得太远了"。媛媛的妈妈只看见了媛媛的分数，只关心她的名次，在她的眼里，别的都是没有用的。这种"唯分数论"的想法，实则苦了孩子，害了孩子。

"小心你的教鞭下有瓦特，你的冷眼里有牛顿，你的讥笑中有爱迪生。"考试分数在一定程度上反映学生的知识掌握情况，并不能反映孩子的智力水平和综合素质，因此不能以分数的高低来衡量学生优劣。父母注重孩子的学习成绩，是关心孩子的具体表现，但应如何看待分数，却是一个科学而又严肃的问题，反映着家长对子女教育的态度、方法。

实践证明，应试教育下的高分低能，早已不受人们的欢迎。因此，父母不要一看到孩子的某次分数不高就失望。"天生我材必有用"，孩子各有各的特长，他干这行不行，干另一行很可能就是高手。所以，在大力提倡素质教育的今天，孩子的考试分数，不足以代表其综合素质，也不应将其作为成败的唯一标准。

父母在家庭教育中，要"淡化分数"。善于发现孩子的闪光点，每个孩子都有他独特的一面，学习成绩只是一方面。不应该让孩子迷失在应试教育里，不让孩子的成长围着考试、成绩转。让孩子主动去学习，掌握每个成长时期应该懂得的知识和道理。

与孩子一起学习

　　在孩子成长的过程中，父母的影响是至关重要的。父母在教育孩子的同时，自己也要不断地学习，不断地反思，只有父母的内心是丰富的、积极的，才能培育出一个真正健康、快乐的孩子。

　　要想孩子能够刻苦学习，父母自己必须先做出榜样。如果父母保持一种积极向上、好学不倦的心态，在这种环境的影响下，将培养出勤奋好学、充满自信的孩子。这比单纯地对孩子说教更有效。

　　孩子要学习各种知识，父母同样如此。学习应该是一种常态。

　　陈先生在一条繁华的马路上开了一家杂货店。他虽然很会做生意，每天都有很多顾客光顾小店，可是他经常会遇到一些外国游客来买东西，由于语言障碍，他只能通过手势与外国游客进行沟通，互相都不能理解，生意也很难做成。

　　在又一次与外国游客的生意失败后，他决心要学英语了。回到家，看到刚上初中的儿子正在背英语单词，于是就对儿子说："爸爸也想学英语，怎么学呢？"儿子一听，非常高兴地对他说："跟我学！"

　　从那天起，陈先生和儿子每天都很早起床，拿着书本，提着录音机，到公园里，边听磁带边轻声朗读单词。就这样，不管刮风下雨，每天从不间断。

两年以后，父子俩的英语水平大有提高，父亲从"英语盲"到能用英语接待外国顾客，不但做成了生意，还交了几个外国朋友！

与孩子一起学习，体现了父母不断进步、与时俱进的意识，能够获得孩子的尊敬，同时，一起学习的过程中，可以增加许多沟通的话题，使亲子关系更加融洽。

孩子一个人在家里读书，往往没有兴趣和情绪，所以我们提倡建设学习型家庭。父母和孩子一起读书，共同学习，这是调动孩子阅读兴趣、提高阅读能力的一个非常重要的方式。

找一本书，找一点时间，爸爸妈妈和孩子坐在一起去读这本书。这看来是件非常小的事情，但是实际上，这在孩子的成长过程中具有非常积极的意义。形成了阅读习惯，就可以通过阅读去获得知识，去吸收各种各样的精神营养。有了这种习惯的孩子，他们对知识的接受和吸收能力会远远大于没有这种习惯的孩子。

和孩子共同学习，在孩子学习的过程中做孩子的"助教"，正是很多教育学家所提倡的做法，因为共同学习，不仅能充分了解孩子学习的进度和状态，还能不断丰富自己，充实知识，让父母获益匪浅。

那么，父母应怎么做到与孩子一起学习一起成长呢？

第一，积极参与孩子的学习。父母带头，营造家庭学习氛围。一切都在变化中，父母的知识也在不断更新，原有的知识体系可能像过时的电脑一样被废弃，因此父母必须随时学习新的内容，同时也有助于辅导自己的孩子。在所有知识体系中，观念的更新才是根本。做父母的只有不断改变自己的观念，改变教育行为和态度，才能适应这种变化。父母需要学习的不仅是知识，还有修养。还有的父母由于职业需要，要报考各种各样的证书考试，也不妨让孩子知道，并且认真复习，努力考好，给孩子树立良好的榜样。

第二，与孩子一起讨论学习方面的话题。父母放下架子与孩子一起讨论学习方面的话题，不但可以培养孩子提出问题、解决问题的能力，最重要的是提高他们的学习兴趣，使孩子获得成就感，得到知识给人带来的快乐体验。必要的时候，父母不失时机地"装装傻"，给孩子当当"小老师"的机会，会促使孩子不满足于"知其然"，养成"知其所以然"的好学精神。

第三，多跟孩子进行交流。要想使自己的孩子学习进步、生活快乐，那就和孩子一起交流、学习、谈心，给孩子一片属于自己的蓝天。平时，家长可以每天抽一段时间与孩子谈论他们在学校学到的东西。

第四，与孩子一起学习时，父母的态度必须认真，不能应付。说起陪孩子学习这个问题，许多父母深有感触：自己学习时心不在焉，孩子也会显得没有什么兴趣，而如果父母认真投入，孩子因为受到父母的感染，也会认真学习。因此，要想让孩子养成认真学习的习惯，如果只是说"你要怎样做"的大道理，还不如陪同孩子一起认真去做。

第五，不要打搅孩子。要帮助孩子保持长久的注意力，父母千万不要在孩子醉心于学习的时候打搅他们，不要介入，以致他们的注意力转移到别的事情上。有些父母生怕孩子学习时间长了，身体吃不消，所以，在孩子学习的时候，时不时来上一句："要是累了就休息会儿"，以为这是对孩子的关心，实则在打断孩子的思路。这种做法是不可取的。

创造良好的求知环境

家庭是孩子的第一所学校，是孩子学习生活的第一环境，且将影响着他的一生。给孩子创造一个良好的求知环境，营造一种容易激发孩子学习兴趣的氛围，是家长必须重视的问题。

营造一种良好的家庭求知氛围，家长不仅要为孩子的学习提供良好的物质条件，还必须为孩子创设一个良好的家庭育人环境。所谓良好的育人环境，主要是指孩子生活和学习的良好精神环境。

在学习型家庭里，父母的学习态度和学习精神不仅决定着能否成为优秀的家长，而且影响孩子是否好学、能否成为学习型的人。为此，父母要带头学习，养成好学习惯，成为爱学模范，以助好学家风的形成。学习型家庭提倡家长和孩子一起学习，相互学习。特别是在网络时代，父母与孩子都处于同一起跑线。同时，一个求知气氛浓厚的家庭，每位成员都会确立终身学习的理念，都会懂得终身学习的意义，始终明白每一个人在任何生命阶段均需不断学习。学习不再是孩子特有的活动，也是父母的工作，每个人只有通过学习才能有良好的适应性以跟上社会的变迁与时代潮流，真正获得生存与发展的空间。

父母为孩子创造一个良好的求知环境应从以下几方面做起：

第一，一个良好的家庭氛围应该是充满"爱"的。爱是家庭教育的前提。家庭教育必须要在爱的基础上建立，少了爱就无法实施教育。

第二，一个良好的家庭氛围应该有高尚的精神情趣。要想给孩子一个良好的家庭教育氛围，家长就应该追求高尚的精神情趣，带头令家里的精神生活充实、高雅、丰富，防止精神污染。

第三，要为孩子营造一个良好的读书环境。家庭的环境对孩子有潜移默化的作用，为了让孩子受到良好的"熏陶"，父母可以在家中空出一个专门让孩子看书的地方，分门别类将书籍摆放整齐，易于取阅。父母还要和孩子共同参与读书。最好家人有共同的时间一起看书，让孩子感受到浓郁的读书气氛。家长与孩子一起阅读时，孩子能在此过程中从家长身上获得许多认知上的东西、语言上的进步，还可以增进亲子之间的感情！天长日久，孩子便会形成良好的阅读习惯。此外，要善于利用图书资源。父母和孩子可以经常到图书馆、书店阅读、购买一些书籍，并培养孩子阅读的习惯。

第四，坚持学习互动与学习互助相结合。家庭是属于全家人的地方，需要大家共同来维持。因此建立家庭游戏规则，包括学习习惯，不仅可以养成家人良好的生活习惯，而且可以让家庭生活步调更有节奏，家庭气氛更加快乐。父母要主动承担指导工作，同时调动和发挥孩子的积极作用，不断实现孩子与父母之间的双向互动，看谁发挥了示范效应，成为家庭的学习榜样。父母还要积极组织家庭成员之间的互助，以分享家庭资源的互动活动方式，进行学习的渗透，交流学习中的得失体会，取长补短，以实现共同进步。

第五，父母要不断反思自己对孩子的教育与影响。父母在教育孩子热爱学习时，一定别忘了要不断地审视自己，反思自己营造的家庭氛围对孩子会有怎样的影响。

第六，良好的家庭氛围应该不过于严苛。父母对孩子的期望，能使孩子感受到家长的关心和爱，是激发孩子积极向上的动力。但脱离孩子实际水平的过高期望，会造成家庭教育对孩子的一种高压状态，一旦孩子达不到父母的要求，父母便失望、埋怨甚至打骂，影响家庭和谐的心理氛围。因此父母应实事求是地调整对孩子的期望。

总之，为孩子提供良好的家庭求知环境是家长的努力方向，也是家长义不容辞的责任。

积累让孩子博学多才

　　"不积跬步，无以至千里；不积小流，无以成江海。"这句话告诉我们渊博的知识来源于点滴的积累。没有积累，哪来收获呢？从幼发拉底河的文明之花，到如今人类文化的美丽奇葩，从刀耕火种的原始社会，到今天信息爆炸的新经济时代，人类社会的发展过程，从来都是一个知识积累的过程。

　　知识积累是人们对知识进行学习储备以及对知识结构进行不断完善的过程，它包括个人知识由少到多的积累，既是量的增加也是质的提高。当知识的积累达到一定的厚度，就会转化为个人成长的智慧。对一个人来说，注重从书本上学习知识、从生活中扩大视野，是非常必要的。父母有责任让孩子知道知识积累的重要性，从而把更多的时间、精力与热情投入到学习中去。

　　著名数学家华罗庚在他的演讲中就曾分享他的亲身体会：

　　所谓天才就是要坚持不断的努力。有些同志也许总觉得我在数学方面有什么天才，其实从我身上是找不到这种天才的痕迹的。我读小学时，因为成绩不好就没有拿到毕业证书，只能拿到一张修业证书。在初中一年级时，我的数学也是经过补考才及格的。但是说来奇怪，从初中二年级以后，就发生了一个根本转变，这就是因为我认识到既然我的资质差些，就应该多用点时间来学习。别人只学一个小时，我就学两个小时，这样我的数学成绩就不断得到提高。一直到现在我也贯彻这个原则：别人看一篇东西要三小时，我就花三个半小时，经过长时期的劳动积累，就多少可以看出成绩来。并且在基本技巧烂熟之后，往往能够一个钟头就看完一篇人家看十天半月也看不了的文章。所以，前一段时间的加倍努力，在后一段时间内却收得预想不到的效果。是的，聪明在于学习，天才在于积累。

一个人只有在年轻的时候认真学习，积累下扎实的基础，以后才能做成大事。要知道，知识的殿宇，需要一砖一石，慢慢垒成。

古往今来的许多重要著作，都是其作者积累了大量的知识后的结晶，这充分说明了知识的重要性。《资本论》这部伟大的著作是马克思 40 多年知识积累的心血，这本书中的许多资料，摄取于 1500 多种书籍。他在阅读这些书籍时写的笔记，包括手稿、摘录、提纲、札记等，至少有 100 多本。他平时就十分注意积累和观察，致使他的头脑里装下了"多得令人难以相信的历史及自然科学的事实和科学理论"。

列宁从少年时代起，就养成了积累资料的习惯。他早期所著的《俄国资本主义的发展》，参阅了 580 多本书，摘录了工农业生产状况的各种资料。

知识在于积累，积累是求知之道。积学如储宝，积少便成多。父母要教育正在中学阶段的青少年孩子，注重对知识的积累，这样一点一滴，积少成多，使自己具有坚实的知识基础，才能为将来的成才铺平道路。

青少年正在求学阶段，自然主要是学习学校所开设的各门功课。积累资料不必花很多时间，也基本上应当围绕基础知识的学习来考虑这一问题。比方说，可积累点带有指导性的学习资料。这是一种基本理论的指导，如关于如何读书的论述，各门学科的学习指南，基本教育理论的阐述等。另一类是直接的参考资料，如各门功课的参考材料、习题解难、作文指导、学习经验介绍等。还有一类是"因人而异""各取所需"的专题材料，也就是根据自己的专长爱好，有选择地积累有关书籍、报刊资料等。

积累资料的方法，一般有以下几种：

第一，存书籍。在力所能及的条件下，购买一些有关专著和必要的工具书、资料性书籍。阅读时可随时加眉批旁注或把问题、页码标在书签上，夹进书里。

第二，做剪贴。个人的报纸杂志，可随时把自己需要的文章剪贴起来，定期归类整理。

第三，写札记。用卡片、活页纸或笔记本都可以。俗话说："最浅的墨水也胜过最好的记性。"手勤可享用长久，这是积累资料的主要方法之一。

第四，记日记。把每日所见所闻、所想所感简单记录下来。在每条日记旁按"类别"评注几个字，待以后查考。

这些工作看来琐碎、细小，但坚持长久，却获益匪浅，甚至可受用一辈子。经验证明，长期积累资料能显著地增强学习能力，有助于改进学习方法，有利于丰富知识、开启智慧。

此外，从心理角度上来说，积累能让孩子获取自尊与自信心。因为拥有别的孩子所没有的知识，能让孩子得到很大的满足感与成就感，他也更能体会知识积累的重要性。

专注是学习优秀的保障

　　俄国教育家乌申斯基说过"注意是心灵的天窗"。只有打开注意力的这扇窗户，智慧的阳光才能撒满心田。注意力是孩子学习和生活的基本能力，直接影响孩子的认知感及其入学后的学业成绩。

　　观察那些取得优秀成绩、做事有条不紊的孩子，不难发现，他们都有一个共同的特点：注意力集中，专注能力强。在孩子的学习生涯中，我们与其不断地操心孩子的成绩，不如培养孩子专注的能力。只要孩子的注意力集中了，他的成绩又怎么可能不优秀呢？

　　有不少家长从孩子上学开始，就不断地接到老师的投诉：上课几分钟后，孩子就开始躁动、说话，上课走神，不知上课讲的是什么，更不知所留的作业。有的孩子虽然看似安安静静地坐在那里做功课，实际上却在神游四方，心不在焉；作业中掉字、错字、错符号现象甚多，读书时读错字、丢字也很多，考试中看错题、丢题现象也十分严重。而孩子回到家，学习时也非常不专心，一会儿看看电视，一会儿喝口水，一会儿又要上厕所，一有声响就四处顾盼。

　　人的一生，大部分的时间，都是走在通往成功的路上。这条路很漫长，也很艰辛，于是很多人慢慢失去了启程时的专注，被岔路的风光吸引，为路过的蜂蝶分神，或者放弃了原来的路，或者止步不前，直到迟暮的钟声敲响时，才恍然大悟、后悔莫及。

古语说，能够到达金字塔顶端的动物只有两种，一种是苍鹰，一种是蜗牛。苍鹰之所以能够到达顶端是因为它们拥有傲人的翅膀；而蜗牛能够爬上去，则是因为认准了自己的方向，并且一直沿着这个方向，专注不懈地努力。并不是所有人都拥有苍鹰那傲人的资本，我们中的大多数，都是芸芸众生中平凡的一员。那我们就来学习蜗牛吧，一路上专心致志地前行，不留遗憾地到达终点。

专注力是提高孩子学习成绩的重要秘诀，专注力不强，孩子的学习质量难以保证。如果孩子学习经常开小差，总是三分钟的热度，他就不可能取得好的成绩。只有在学习中保持很好的专注力，孩子才能取得良好的学习成绩。父母想要提高孩子的学习成绩，就要悉心培养孩子学习的专注力。

造成孩子学习不能专注的原因有偶然性因素和经常性因素。比如，和同学们有了矛盾或身体不适等情况造成的上课状态不佳，属于偶然性因素。经常性因素则是由于孩子的注意力不集中造成的，如缺乏认真学习的态度、厌学情绪、对某一种事情不喜欢等。家长应根据具体情况，分析出孩子学习不能专注的原因，对症下药，及时帮助孩子改正缺点。

就课堂学习来说，孩子要做好"六到"。一是要精到（即兴趣浓厚），带着兴趣听课，效果最佳，否则愁眉苦脸地坐在那学，效果不会好；二是要心到，它是学好知识的根本所在；三是要眼到，它是获取知识的重要来源；四是要口到；五是要耳到，根据教师思路专心听讲；六是要手到。实践证明，听课时"六到"并用，效果甚优。

培养孩子的专注力，父母可以从以下几个方面入手：

第一，在家庭中，父母要为孩子营造安静、舒适的环境。包括硬件环境和软件环境。硬件环境包括：固定温馨的学习场所；适宜的书桌、书架；每月固定的用于购买学习用品或杂志、报纸的零花钱等。软件环境：建立学习型家庭，家长要尊重知识，首先要爱读书学习，营造书香气息；家庭的和谐、安静；尽量避免孩子在家时的应酬和娱乐活动。在孩子专心学习时，父母最好也坐下来做些安静的活动，切忌在旁边走来走去，打扰孩子。

第二，从孩子感兴趣的事情入手。孩子对感兴趣的事物自然特别关心，更会集中思想聆听、学习，问许多问题，这时，父母要给予孩子满意的答案。比如，可以从数独、围棋等入手，培养孩子的专注力，如果孩子坚持的时间比较长，父母要有意识地表扬孩子，让孩子体验到专心做好一件事情的好处。

第三，帮助孩子学会营造良好的学习环境，克服外部干扰。堆积如山的书桌势必让人心生压抑，父母要帮助孩子学会净化学习环境，如学习时先整理好书桌，学习时不带分神的东西，如手机、零食等，或选择相对安静的地方读书。另外还要有意识地训练孩子抗干扰的能力，培养"闹中取静"的能力，使注意力能够专注于自己该做的事情。

第四，建立和谐的家庭关系，保持愉快的心情。过重的心理压力、不良的情绪会导致人的注意力下降，严重影响学习效率。所以，父母要努力营造良好的课堂学习气氛，充分信任孩子，不要做孩子学习的"监工"。和谐的亲子关系、父母温和的语言，会让孩子产生追求卓越的渴望，因而无须父母督促，孩子也会勤奋学习，否则孩子的逆反心理就促使他为逃避父母而消极怠工。让孩子每天有个好心情，从而积极投入学习，学习效率自然会提高。

鼓励孩子多问"为什么"

　　"好问是求知，是探索，是思考的花园里开出的花，是智慧的夜幕中闪着的光。"是的，疑问是开启成功之门的钥匙，遇事总问个"为什么"，有助于培养孩子积极动脑的习惯，勤问"为什么"能帮助孩子建立起对事物的浓厚兴趣，而只有对某种事物有兴趣，孩子才有可能在这一个领域里有所建树，获取成功。鼓励孩子提问，培养孩子多问"为什么"的习惯，是开发孩子智力的最佳方法。

　　《我把三个儿子送入了斯坦福》作者陈美龄坦言，经常发问的孩子思虑周全，能获得更多知识。她时常教育自己的孩子："如果有不明白的，无论是什么都一定要提问。学习中碰到不会的当然很正常。但是，明明不会却保持沉默，可就不行了。"说什么"因为不好意思所以没问"，这是最可惜的。因为好不容易才找出自己不明白的地方，却错过了能够知道答案的机会。但是，学校里也有一些老师，给人感觉他好像没有回答多余提问的闲工夫。碰到类似状况，陈美龄会对儿子们说："这时候就把不理解的问题写下来。之后向其他老师提问，或者问朋友、妈妈，或是自己在网上查。"告诉孩子们一有疑问或不明白的地方，一定要弄到搞懂为止。

　　不会的问题放任不管，就无法行进到下一步，上课内容也就无法更深入地理解。过不了多久，孩子就会暗示自己"我不擅长这门课"，导致对该课程产生厌恶引起恶性循环。我希望儿子们尽可能对所有的科目都抱有兴趣，并且快乐地学习。因此，陈美龄始终给他们灌输这个观念：要贯彻好提问的精神与习惯。

孩子的提问是一种借助成人的力量对周围环境进行认识上的探究行为，是孩子求知的萌芽。他们通过提问来理解事物以及事物之间的相互关系，并从中获得思维的方法，提高观察能力。孩子的提问过程通常隐含着极强烈的探索精神。父母应该认真倾听他们的提问，耐心地用通俗易懂的语言给孩子解释。

古代的犹太人曾有这样一个有趣的习俗：靠后的长凳总是由较差的学者来坐，坐在第一排的一定是最有思想的学者。因此，最后一排的学者要想坐到第一排来，就必须不断地对台上的拉比提出问题和质疑，从而显示自己的聪明才智。正像一句犹太谚语所说："智慧就像磨刀一样，越磨越快。"

陶行知曾经说："发明千千万，起点是一问。"可见提问的重要性。然而许多孩子都不会提问，甚至不敢提问。在学校教育中，经常是老师提问学生回答；在家庭教育中，经常是父母提问，孩子回答。

其实，在某种程度上，鼓励孩子多提出问题，多问几个"为什么"，比让孩子回答问题更为重要。

诺贝尔奖获得者李政道曾经说过一句话："'学问'这两个字中，第一个字'学'，第二个字'问'，意思就是一定要学着怎样去问问题，这才是真正的学问。"学和问是紧密地结合在一起的，学中有问，问中有学。孩子只有敢于提出问题，才能从书中或老师那里得到答案，既可以充实知识储备，又可以提高学习成绩。

在一些发达国家，父母关心的不是孩子考试的分数，而是孩子又向老师提出了几个问题。孩子放学回到家，父母问的第一个问题往往是："你今天在课堂上向老师提出了几个问题？这种教育方式很有借鉴价值。我们要想让孩子做一个有学问的人，就要引导他敢问、善问、爱问。

　　爱提问也是所有科学家们共同的特点，正是因为他们有很多不明白的地方，所以他们才不断地求解，直到把问题解决清楚。心理学关于思维的描述有这样一段话：发现问题是思维活动中最重要的环节。没有问题的思维是肤浅的、被动的。当个体感到需要问为什么、是什么、怎么办时，思维才算真正发动。爱提问题的孩子，求知欲是旺盛的，是思维形成的表现，只有在不断提出问题、解决问题的过程中才能发展孩子的创造能力。

　　多问"为什么"，并不断地求解，可以丰富孩子的知识，更可以提高他们的智慧；多问"为什么"，还能提高孩子的理解能力，在求索的过程中，孩子的热情被充分激发了起来，思维也能得到很好的开发；多问"为什么"，还能培养孩子的创新思维，孩子能从问的角度思考，得出他自己的结论，这对孩子的发展无疑有很大的帮助；多问"为什么"，能培养孩子的自学能力，让孩子从学习中获取自己需要的答案，既培养了孩子的主动性和积极性，又让孩子认知到了获取知识的手段。

　　一个爱问"为什么"的孩子，说明他是一个充满好奇而又不断探索思考的孩子。父母应该鼓励孩子多问，对于孩子的问题，不管是学习上的还是生活中的，都应该积极配合解答。

让孩子学会独立思考

爱因斯坦曾说过："发展独立思考和独立判断的能力，应当始终放在教育的首位，而不是把获得专业知识放在首位。如果一个人掌握了所学学科的基础理论，并且学会了独立思考和工作，那么他必定会找到他自己的道路，而且，比起那种主要以获得细节知识为其教育目的人来说，他一定能更好地适应进步和变化。思考，不断地思考，我就是靠这个学习方法成为科学家的。"

不少西方国家已经把培养孩子的思考能力放在教育的首位。因为，只有独立思考的人才会独立做事，才会有"我要干"的决心。美国教育界认为：在学校只强调掌握读写能力，而不注重思考能力是不行的，这样不利于孩子们的正常发展。孩子必须掌握基本功中的基本功——思考。他们认为，鼓励孩子们多动脑、创造性地思考、独立解决问题、自己做出决定，这对孩子的成长以及能力的培养至关重要。

许多父母在管教孩子时，一方面要求孩子对待学习和生活中的问题要自己想办法解决。另一方面却对孩子没有信心，当孩子遇到问题时，总是怕孩子没有经验自己不能解决问题，因而想方设法帮助孩子解决。这种"舍不得"让孩子独立思考、自己解决问题的做法，不仅会让孩子养成过分依赖的习惯，而且阻碍了孩子独立性的养成。而独立地分析和解决问题的能力是孩子在社会上生存以及进行创造性活动必备的心理品质。一个没有独立思考能力的孩子，谈不上有独立性，更谈不上在今后的事业中有所发展。因此，培养孩子独立思考与解决问题的能力很重要。

要培养孩子的独立思考能力，就要提供一些机会给孩子自己去思考、去感觉。因此，父母应当让孩子在一定的范围内，有一定的自由，这样才能使孩子的创造性思维得到发展。正如陶行知先生所说的，教育孩子要有"六大解放"：一要解放大脑，使他能想；二要解放双手，使他能动；三要解放眼睛，使他能看；四要解放嘴，使他能谈；五要解放空间，使他能到大自然、大社会中取得丰富的学问；六要解放时间，不要用功课表把时间填满，要给他们一些时间消化所学的课程，并且学一点他自己喜欢学的，做一点他自己爱做的。如果孩子的思想有了自由驰骋的时间和空间，他就有了独立活动和表现自我的机会，就可以做好自己感兴趣的事，想一想、试一试、做一做，在独立的尝试中发现，在发现中创造，就会慢慢形成自己独特的智慧。

那么，为培养孩子独立思考的能力父母应该做些什么呢？

第一，创造一个思考的氛围。这对孩子形成独特的个性，表现有创新意识的思维、举动很重要。青春期的孩子也是一个完整、独立的个体，应该允许他有自己的世界，有自己的空间。

第二，让孩子学会思考。家长在与孩子相处与交谈中，要经常以商量的口气，进行讨论式的协商，留给孩子自己思考的余地，要给孩子提出自己想法的机会。父母可根据交谈内容经常发问，如"这两者有什么关系？""你觉得怎么做会更好？""你的想法有什么根据？"等问题，以引起孩子的思考。可采用启发式，诱导孩子逐步展开思考。当孩子在想问题时，父母不要太性急，而应该留给孩子足够的思考时间。

第三，培养孩子创造性思考的习惯。可以从以下几个方面努力：

（1）培养孩子打破砂锅问到底的习惯，鼓励孩子凡事常问个为什么。家长要不厌其烦地给予正确回答。对孩子的提问努力表现出兴趣，与孩子一起去思考，去寻求未知的答案，这样孩子提出问题的欲望就会不断增强。

（2）给孩子充分的时间去思考。富兰克林说过："读书是易事，思考是难事。"孩子为什么不会思考，与他们的课程排得满满当当，没有时间思考，是有一定关系的。报名参加各种培训班，使得孩子根本没有时间去思考。负担过重必然导致肤浅。没有思考的学习，如同机器人一般，做的只是些简单、重复、机械性的工作。

（3）倾听孩子有意义的"瞎说"，允许孩子有"稀奇古怪"的想法。让孩子多动手，孩子才会多动脑。孩子只有亲自动手，才能发现问题，才会思考如何去解决问题，每天端着一本书看，不付诸实践，岂能获得真知？

总之，父母要给孩子营造一个思考的空间，放开手，让孩子大胆地去想，并认真倾听孩子的想法，即使有时需要家长思想代替孩子的思想，也应该与孩子一同把两种思想做一比较，让孩子不但知其然，还要知其所以然，这样，才有助于培养孩子独立思考的能力。

学习能力代表孩子的将来

青春期不只是身体的疯长期，更是孩子学习能力的爆发期。

首先，用心理学上的标准来看，青春期孩子的记忆力不仅明显高于小学生，也高于大学生。同时，在青春期，除了运用机械记忆之外，孩子开始自觉地运用意义记忆，各方面的记忆效果达到最佳时期，如形象记忆在此时达到最高，抽象记忆也达到一个很高的水平，且抽象记忆发展远高于形象记忆。学习很大程度上依赖于记忆力的高低，青春期的记忆水平和特点，可以为青春期孩子的学习能力提高打下坚实的基础。

其次，青春期的孩子可以摆脱具体的事物和情境用符号来直接进行抽象思维。逻辑思维和抽象思维的逐渐成熟，使青春期的孩子在学习数学、物理、化学等理科方面游刃有余。

此外，脑部在青春期得到了前所未有的发育，注意力也在青春期得到了明显的提高。而注意力是最重要的基本学习能力之一，注意力集中的孩子，学习效率高，学习轻松；注意力不集中的孩子学习负担重，学习困难。

最后，青春期的孩子由于理论思维和自我意识的发展，其观察力、有意识记能力、有意想象能力迅速发展。

学习能力的高低主要取决于注意力、记忆力、观察力和想象力。在青春期，这些能力都处于高峰期。因此，如果趁着青春期努力学习，学习能力会得到快速增强，学习成绩一定会有很大的提高。学习能力提高的好处不只在于一时，对孩子以后的成长也有很大的帮助。在竞争日趋激烈的社会，只有不断地学习，才能不被社会抛弃和淘汰，也只有不断地学习新东西，才能提高自己。

那么，父母如何培养孩子的学习能力呢？可以从以下几方面入手：

第一，激发孩子的学习热情，强化孩子的进取心。孩子的进取心大多是由外在的要求进而转化为自己的愿望的。因此，目标教育是必须的，目标可以树立孩子的雄心，雄心可以引导孩子追求。

第二，用表扬唤起孩子的求知欲。任何人都需要鼓励、需要表扬。在教育孩子的过程中，应经常为孩子提供或创造获得成功的机会。

第三，培养孩子自主学习的能力。孩子的学习离不开父母的帮助和指导，但是不能包办代替，不能无止境地帮助，否则会使孩子养成一种依赖感。学习的过程是一个独立完成的过程，父母不可能每天都跟着孩子一起学习，所以要尽快培养孩子自主学习的能力。

第四，帮孩子掌握学习方法。只有不会学的孩子，没有学不会的孩子。对孩子来说，最重要的不是一时的学习成绩，而是能否学会学习，掌握适合自己的有效的学习方法，养成良好的学习习惯。

第6章

没有秘密的
孩子长不大

　　随着自我意识的觉醒，青春期的孩子开始有自己的秘密，他们的所思所想、内心的喜怒哀乐、对将来的计划和打算等，都不再轻易对人表露，而是悄悄地藏在心里或是写在日记本上。对于青春期孩子来说，拥有秘密并保守秘密是走向成熟和独立的标志。拥有秘密是孩子迈向独立和成熟的必经之路，而没有秘密的孩子是永远长不大的。

为孩子保守秘密

　　每个人都有自己的秘密。对于成人而言，秘密更多意味着责任和负担，而对于孩子来说，秘密则意味着其自我意识的成长。

　　孩子有秘密是正常的，它是孩子成长过程中正常发生的现象，大人应该允许孩子保持自己的秘密，尊重孩子的秘密。孩子愿意和父母分享秘密，父母固然可以欣慰，但是千万不要为了获取孩子的秘密，而失去孩子对自己的信任。

　　其实，青春期的孩子拥有秘密还是一件值得大人高兴的事，因为可以让孩子感受到个体的存在感和价值感。可以说，秘密是孩子内心的一种珍贵体验。同时，秘密可以帮助孩子走向独立和成熟。孩子总有一天要走向独立，而拥有个人秘密并能恰当处置是青春期的孩子走向独立的要素。

　　下课了，甘老师刚从教室回到办公室，同事就告诉她校门口有家长找她。甘老师连忙往校门口走去，原来是许丽的爸爸找到甘老师，焦急地对她说："甘老师，许丽最近常常从家里拿钱，开始数目很少，可今天竟拿了 100 元。"

　　听了许丽爸爸的话，甘老师简直不敢相信，许丽是一个活泼开朗的小女孩，成绩很优秀，平时与同学相处得特别好，还是小组长，怎么会犯这样的错误呢？

　　甘老师忙安慰道："您别着急，把事情的经过告诉我。"

　　通过进一步的交流，甘老师知道了，原来许丽的父母开了个服装店，平时喜欢把零钱随手放在柜台上的盒子里，孩子经常悄悄地从里面拿一些钱，开始数目很小，父母就没觉察，直到这次拿了 100 元才终于被发现。了解了事情的原由后，甘老师让许丽的爸爸先回家。决定采取谈心教育的方法来帮许丽改掉缺点。她把许丽叫到办公室，贴着她的耳朵说："你爸爸刚才来学校找你，老师让他回家了，你知道他为什么来吗"？听了这话，许丽的脸刷的红了，赶紧低下头。甘老师接着笑着说："孩子都会犯错，但只要敢于改正都还是好孩子。你一直都是老师最喜欢的学生，老师不会因为你犯过错而不喜欢你！"

　　听甘老师这么说，许丽像下了很大决心似的轻声说："老师，对不起！因为我常常拿家里的钱，所以爸爸才会来学校。我已经知道这样做不对了！"甘老师笑笑说："你敢于承认错误，又明白了这样做不对，真是好样的，老师更喜欢你了。不过以后老师还会监督你哦！"许丽听后很高兴但又担心地说："老师，您会把这件事告诉别的同学吗？""当然不会，老师会为你保守这个秘密的，相信我！"甘老师肯定地说。听到甘老师肯定的语气，许丽才放心地离开了。

　　以后的日子里，甘老师常常与许丽交流谈心，并与家长联系交流。春节前夕，甘老师收到一张许丽寄给的贺卡，上面写着："甘老师，谢谢您为我保守秘密，这件事令我难忘。"

　　其实，和成人一样，孩子希望被他人承认自己是一个独立自主、有思想的个体，他们也需要在自己的内心保留一块空间。拥有秘密并非不健康，只要不涉及道德品质等原则问题，对于孩子的秘密不必探究。

　　当孩子发现自己有了秘密，意味着他们的内心世界更加复杂；当孩子考虑要不要把秘密说出来的时候，说明他们已经具有了追求独立的愿望；当孩子要求别人为自己保守秘密的时候，表明他们已具备初步的责任感。父母应该看到孩子的成长变化，乐于为孩子保守秘密。

给孩子独立的空间

很多孩子长到大一点的时候，就不喜欢与家长同睡一个房间了，他们渴望独立、渴望有自己的房间。对此，很多父母都积极支持，表示要给孩子"自由的空间"。于是，他们不惜花重金布置孩子的房间，力求使孩子的房间光照充足、通风良好、书桌和床铺的摆放科学、合理。可是，接下来的情况令父母们很不解，孩子们已经拥有了自己的空间，为什么还在抱怨他们没有自己"独立的空间"呢？为什么亲子之间的矛盾并不因此而减少呢？

让我们通过以下事例寻找答案吧。

胜乔正在跟他的同桌发牢骚："我妈真是的，每天我回到家里她都会盘查：'你今天跟谁一起回家了？别跟女孩子走得太近，容易分心。'"

同桌一听这话，扑哧一声笑了："我爸更严重，有一次我打电话的时候，发现他居然在客厅里偷听我的电话呢。"

不错，家长的确给了孩子"空间"——房间，可是，孩子拥有了自己的独立房间并不意味着拥有了独立的空间。真正意义上的独立空间，是家长少干涉孩子的事情，放开手让孩子自由飞翔，让孩子拥有属于自己的发挥余地。

要知道，父母的过度干涉和保护、控制也可能成为青春期叛逆的"催化剂"，造成孩子的叛逆心理，使孩子"偏向虎山行"。父母容易忽视青春期孩子的成人感，包办孩子的衣食住行，看孩子的网络聊天记录，让孩子感觉自己的选择权被剥夺，隐私被侵犯。

父母应该给青春期的孩子足够的空间和自由，让孩子掌控自己的生活，尽可能地获得不同的体验。父母要做孩子的引导者，而不是强制者。给予孩子一定的自由空间，就是给予孩子信任尊重，也会换得孩子的信任和尊重。

那么，我们应如何做到给孩子真正意义上的独立空间呢？以下的这些做法可供家长们参考：

第一，适当地学会放手。培养孩子就像种树，过度地干预和保护树苗，不但无助于树的成长，还可能使树变得畸形，其实，如果想让孩子健康地成长，请注意爱的分寸！并非事无巨细的代劳、无时无刻地陪伴孩子才是对孩子的帮助。孩子真正需要的是该放手时就放手的宽松环境。

第二，尊重孩子的隐私权，允许他们有自己的秘密。这一点对很多家长来说是最难做到的，很多家长以"保护孩子""我这样做都是因为爱你"为名，漠视孩子的隐私，随便翻看孩子的日记、短信、邮件，偷听孩子的电话。在孩子看来，这是对他们的不信任、不尊重，对父母的印象也大打折扣，还可能因此爆发亲子间的矛盾，对孩子的成长以及亲子间的沟通、交流是不利的，因此，给孩子独立的空间，最重要的是维护孩子的隐私权。

第三，给孩子充分的独立空间。这个空间随着孩子的长大也要变大，否则就会压得孩子"长不高"，想让孩子能够真正的独当一面，更好地适应社会，那么就给孩子一个独立的成长空间吧。独立的空间更多的是锻炼孩子的独立人格，让孩子学会一个人面对问题。孩子的成长实际上是一个"化茧成蝶"的过程，"茧"就是父母的照顾和看管，孩子要一点点露出头来，张开翅膀，所以父母不能束缚得太紧。当父母一步一步给予他们独立的空间，给予他们独自面对磨难的机会后，孩子并不会因为父母松手而坠落，反而会飞得更高。给孩子真正的独立空间，就可以让孩子在精神上更加富足、健康。

第四，做个会"偷懒"的父母。智慧的父母都是会"偷懒"的父母。什么都要管，什么都想管只会累了父母，也害了孩子；而学会"偷懒"，让青春期的孩子放手去做，父母轻松，孩子也能更快乐地成长、更进一步走向独立。所以，好的父母应该是导师而不是保姆，应该多引导，少约束，多建议，少灌输，尊重孩子的意愿，鼓励孩子自己做决定，青春期的孩子也有着自己的精神世界和价值标准，还是少干涉一些为好。

放手孩子与异性交往

　　孩子进入青春期后，性别意识开始增强。这一时期，他们在关注自身的同时，也开始关注异性，希望了解异性，并希望得到异性的友谊。这是一种很正常的心理现象，也是孩子成熟的一种表现。可是，有些父母对此却非常敏感、非常担心，唯恐自己的孩子在与异性交往中不慎出界。因此，他们总是不断提醒、干涉孩子。

　　其实，孩子有了异性朋友是一件值得高兴的事情，孩子们之间的感情是纯真的，令人羡慕的，是要保护的，通过交往，可以让孩子们学习如何与异性相处，了解异性的心理，为将来的人际关系，以及真正爱情来临做准备。

　　青春期随着第二性征、性器官和性机能迅速发育，少男少女们开始意识到两性在生理、行为和社会角色方面的差异，产生了一些特殊的情感体验，于是进入心理学上的异性期，开始对异性感兴趣，并产生思慕情结。在这个特殊的年龄段里，男孩女孩之间互相产生好感和爱慕，出现向往、接近、眷恋异性的愿望，如喜欢一起学习，结伴参加各种社会活动等。有的女孩子在日记中倾诉自己对身边某个男孩的爱慕之情，有的孩子追星等，都是这种心理的表现形式。

　　异性一起活动、交朋友，有很多好处，可以使孩子消除性别的神秘感，培养自由交往、自由发展的天性；有利于孩子社会交往能力的增强；有利于孩子心理的健康发展。如果家长禁止孩子与异性在一起活动，会使孩子对异性产生神秘感，不利于心理的健康发展。同时，孩子也会因此失去与异性交往、学习的机会，使其以后可能因缺乏与异性交往的经验而导致对社会不能很好适应。

上课铃声刚响过，曹老师走进四年级三班教室。

"老师，小菊给我写纸条！"一个男孩大声地说，周围的一些同学在窃窃私语，还有的同学在偷笑。

曹老师问："写的是什么？"

"我爱你。"话刚说完，班级就炸开了锅，同学们又是哈哈大笑又是冷嘲热讽。就在这时，小菊正巧进来了，同学开始指手划脚地说着，小菊好像也觉察到了什么，不好意思地低下了头。

曹老师忽然意识到事情的严重性，她甚至有些生气起来，小小的年龄，怎么能说出如此不负责任的话呢？

于是，曹老师追问起女孩来："你这是干什么？从哪里学来的？"

小菊本来就感到意外，现在一听老师的问话，不禁更紧张起来："我，我……不知道。"

"你懂吗？你这是在早恋。"曹老师的音调又提高了一倍。

小菊一时不知如何是好，呆呆地站在那里，"哇"的一声哭了。

从此，同学们发现，原本开朗活泼的小菊完全像变了个人似的，沉默寡言、不喜欢参加班级活动，总是独来独往。

显然，曹老师的做法是错误的，对于一个四年级的孩子来说，仅仅凭一句话"我爱你"就断定小菊的行为是早恋行为，这实在是谬论。

本来，孩子之间的爱慕和相互吸引是人之常情。但由于此段时期是求学黄金时期，某些老师、家长担心孩子幼稚、冲动，影响学业，常持反对态度，戴"有色眼镜"凭主观臆测，给孩子施加压力，用"早熟""早恋"来界定孩子们的这种情感需求，禁止孩子与异性交往或者向孩子发难。这样做，不仅伤了孩子的自尊心，还易造成性心理偏差，影响孩子将来的人际交往和社会适应能力，有时还会让孩子错误地认为，两性交往是低级的、丑恶的，以至相处紧张、恐惧而形成社交障碍。

那么，父母应该如何正确引导孩子与异性交往呢？

第一，持正确的态度。男女孩子在一起游戏时，家长不要担心孩子会因此而早熟，要用正确的眼光来看待他们之间天真纯洁的友谊。

第二，顺应孩子心理规律。孩子热衷异性交往是成长中正常的心理现象，父母对孩子与异性的交往应采取客观、积极的态度，这样才有利于孩子形成正确的异性交往观。父母坦然、积极的态度能消除孩子过强的好奇心和逆反心理，使孩子学会与异性融洽相处。

第三，交往情感要适度。随时提醒孩子，与异性交往要把握一个"度"，也就是要有分寸。男女同学之间的交往，是以情感上的相互吸引为基础的，但要保持适度，不要投入太多的感情，不痴迷于对方，只把对方当做朋友。不要故意疏远，也不能过分亲密，要保持适当的心理和空间距离，既要热情、亲切、随和、融洽，不拒人于千里之外，又要把握好分寸。在彼此尊重的基础上与异性落落大方、合理、适度的交往。

第四，对孩子感情持宽容、理解态度。如果发现孩子在与异性交往中萌发了"早恋"苗头，也不可训斥打骂，要冷静清醒地对待已经发生的感情。父母应理解和尊重孩子的情感，多从心理、生理健康等方面启发教育孩子，让孩子意识到，"早恋"会给今后的成长和发展留下很大的遗憾。

总之，父母在面对孩子与异性交往的问题上，要把握住分寸，要留给孩子更多自由选择的空间，要让孩子自己做决定。

教孩子正确认知"性"

　　孩子到了一定年龄就会注意性方面的问题，特别是到了青春发育期，随着生殖器官的发育，形态上、生理上会出现一些原来没有的现象，心理上也会出现一些正常的变化，会要求得到有关知识。这个问题是不该回避的，试图回避，不但会使之神秘化，有时还有不良的后果。

　　然而，很多父母碰到性教育问题时总是有些欲言又止、不得要领。在传统的教育中，家长总是对"性"问题避而不谈，感觉难以启齿。有的父母觉得，有关的性知识，应该是学校告诉女儿，或是女儿长大了自然而然就明白了。其实，这样的想法会给孩子的性问题带来很多麻烦和误区，也会给孩子的成长带来很多的遗憾甚至是伤害。

　　父母要主动承担起孩子性教育的重任。那么，如何用巧妙的方法对青春期的女孩进行性教育呢？例如，有早熟的男生对孩子有意思，她却没有防备，这时妈妈就需要站出来引导她，和她交流孕育生命、十月怀胎的辛苦和不易，更要让她知道，性关系对女性的影响，需要承担的东西，所以女孩要保护好自己。不能只是光说"你是女孩子"这样没有下文的话。要对孩子讲清楚，女性是容易受伤害的，身体上的伤害和心理上的伤害，都会影响她的一生。

　　相对于女孩来说，男孩更早熟一些。正常的青春期少年肯定会充满好奇心，想弄明白性这个东西，所以，父母可以早早告诉青春期男孩一些性知识，这样他会少走一些弯路。

其实，只要父母引导得当，对孩子的性教育应越早越好。父母可以开诚公布地与孩子讨论性及性器官的基本常识，让孩子知道父母对此所持的态度。告诉孩子性器官与身体的其他器官一样，都是健康人所不可缺少的重要器官。它们担负着重要的生理功能，我们有责任好好对待它们，保护它们。总之，通过父母的语气、眼神和表情，要让孩子察觉到成人对生命的尊重与爱护。

研究表明，受过家庭性教育的青春期少男少女，可显著推迟首次与异性"亲密接触"的时间。美国性教育专家戈尔顿教授指出："不要指望仅仅用某种教科书来解决孩子青春期的所有问题，而最好的进行家庭性教育的方法是与孩子拉家常。"父母可以在生活中，借某个性方面的问题，开诚布公地向孩子讲解性知识。例如，当父亲发现儿子因遗精而弄脏的床单，可以拍拍儿子的肩膀说："儿子，这证明你成了真正的男子汉了！"接着，父亲可以向儿子讲解有关男性生理的常识，并教育孩子男子汉应当承担的责任等。

有一位叫胡萍的母亲，她在一本育儿书里讲述了她教给儿子性知识的经过，很值得家长们学习：

在儿子 6 岁前，我们一起看电影的时候，每当有一些描写男女激情的画面时，我会很自然地和他一起看，不会调换频道。7 岁后遇到这样的画面出现时，我会主动和他进行交流，告诉他：当成年的男人和女人之间产生了爱情，他们就需要通过身体的接触来表达这种情感，比如他们会接吻、拥抱，进行身体亲密接触，这样他们就会感到很幸福。我想给孩子传递这样的观念：人类有爱情，相爱的男女之间有肌肤之亲，这种情感的交流能够给相爱的人带来幸福的感觉，这也是人类最美好的情感之一。对于描写爱情的电影画面，我认为孩子愿意看就看，不愿意看他也可以不看，这一切由孩子自己的内心来做决定，做真实的自己，而不是由家长来替代或操纵。我不愿意儿子在和我一起欣赏奥斯卡获奖影片时，为了迎合我，突然装模作样地用手蒙住眼睛，大叫一声"少儿不宜"，眼睛却从指缝间偷偷地往外看，那就不是真实的他了。

是啊，每个父母都必须认真对待孩子的性教育问题，父母在孩子性教育问题上更是责无旁贷。对孩子进行性教育的最好时机就是当孩子问起这个问题时。如果当孩子问及这个问题时，父母就和孩子公开讨论这个话题，那么父母和青春期的子女谈论性就容易多了。对于孩子提出的性问题，父母应以"就性论性"的适当方式予以答疑解惑。反之，如果面对孩子提出的性问题，做父母的正儿八经地予以责怪或辱骂，那只会导致孩子产生逆反心理，进一步强化孩子的好奇心，结果好坏与否就难以预料了。

父母在以自然方式跟孩子谈"性"及"生儿育女"的情形时，同时要提醒孩子注意自己的言行和隐私，让孩子养成良好习惯，并时常教导孩子如何看待自己的性别、如何保护自己，这当中包括：不在大庭广众下做出脱衣裤等不雅行为；保护自己，不让陌生人随便触摸自己的身体；"手淫"的利弊以及如何避免；等等。

总之，父母是孩子性教育的启蒙者，也是孩子最重要的性教育老师。父母要以自然、正常的态度，教导孩子正确的性观念，使孩子的人生有个健康、美好的开始。

信任是最好的沟通桥梁

　　有人说，信任是人与人之间的一种道德关系。朋友之间、同事之间贵在信任。在家庭里，家长与孩子之间，也同样需要信任。父母与孩子的相互信任是成功家教的重要因素。

　　秘密是人们心灵深处一笔神秘的财富，有时需要独自品味，有时却需要分享。每个人都有属于自己的秘密，孩子也不例外。

　　孙云晓曾说过："孩子保守的秘密，绝大多数是没有危险的。孩子的成长需要一个空间，其实我们小的时候也有很多秘密。没有秘密的孩子长不大，孩子一定要学会自己独自地面对和处理一些事情。好父母的头条标准就是信任孩子。我们需要从平等和谐的亲子关系的角度来对待这个问题。在我们的调查中发现，孩子对父母的最大希望是自己的父母是好父母。什么样的父母是好父母呢？调查数据显示，全国中小学生回答得最多的是'信任我'。我们在全国做了个大型调研，发现孩子对父母最大的期望就是'信任'，因为父母经常怀疑孩子，孩子经常受到冤枉，不被信任。那么孩子对父母最不满意的是什么呢？是说话不算数。很多父母对孩子说：好好学习，学习好了我带你去哪儿哪儿玩，给你什么什么东西。小孩听了以后很高兴，好好学习，达到这个水平了，这时候他们说：'爸爸妈妈，咱们走吧！''上哪儿去啊？''你不是说上哪儿去玩吗？''哎呀，挺累的，去干吗呢？甭去了，以后再说。'孩子就特别生气，以至于不再相信父母的任何承诺。"

孩子信任父母的标志，是他（她）遇到问题时能找你解决，把你作为知心朋友对待。因为他（她）知道你很信任他（她），他（她）能从你这里得到一个满意的答复。这样，孩子才会把内心中的秘密透露给你。孩子信任父母，才会将自己的"秘密"告诉父母。

当孩子将自己的秘密向你倾诉时，你一定要用最坚定的语气给予孩子说出秘密的信心，并为孩子那些可能令人啼笑皆非的秘密守口如瓶。试想，你最好的朋友把你告诉他的秘密传给了其他人，你的感觉会怎样？保守秘密，你才会成为孩子的知心朋友，孩子才会把通往他心灵世界的钥匙放心地交给你。

而父母要取得孩子的信任，也要遵守自己的承诺。当孩子拉住你说"告诉你个秘密时"，你一定要认真倾听，不要流露出"我早知道"的神情，或者当成笑话当着孩子的面大声说给别人听。否则你在不经意间已经出卖了孩子对你的信任，也打击了孩子的自尊心。记住，父母一定要做孩子的朋友，这样孩子才会无话不说，也会从心里把父母当成朋友。

父母要努力成为孩子的知心朋友，与孩子之间建立相互信任的关系。因为相互不信任会出现抵触现象而直接影响教育质量。因此，作为合格的父母，还必须经常用正直和诚实的行为去获得孩子的信任。另外，不要轻易对孩子许诺什么，除非是保证能做到的。孩子往往会将成人的许诺当作誓言，假如许下了承诺，但又破坏了这种严肃的承诺，孩子便不会再相信了。

在家庭教育中，父母的信任可使孩子感到他们与父母处于平等的地位，从而对父母更加尊重、敬爱，更加亲近、服从，心里话乐于向父母倾吐。这既增进了父母对孩子内心世界时了解，又使父母教育孩子更能有的放矢，获得更好的效果。若父母对孩子持不信任或不够信任的态度，就无法了解孩子的愿望和要求，孩子的自尊心和自信心必然会因此而受到伤害，他们对父母的信赖也势必减弱。这样，家庭教育的效果也会相应减弱。

父母信任孩子，做孩子的朋友，能够激发孩子内心的动力，让孩子体会到被尊重和认可的快乐。他们会在父母充满信任和友谊的目光与言语中，从摔倒的地方爬起来，一步一个脚印地走向成功，实现他们心中的理想。所以，父母应该信任孩子，做他们的朋友。

总之，父母应该同孩子们建立起相互信任、相互平等、相互尊重的朋友关系。如果父母还没有和孩子建立起平等尊重的朋友关系，不妨现在就坐到一起，开诚布公、推心置腹地进行沟通和交流，把彼此的想法告诉对方，这样才会更好地消除隔阂，化解代沟。父母慢慢地就能体会到，同孩子做朋友是一件非常有趣，也是非常快乐的事情。

第7章

父母要与孩子一起成长

今天，时代对孩子的教育提出了新的要求。没有任何一个时代的父母像现在这样需要学习，需要与孩子一起成长。父母是孩子的第一任老师，从点滴琐事到为人处世原则等都潜移默化地影响着孩子。千万不要认为孩子的学习只是学校和老师的事，孩子的习惯、品格、毅力等的养成更多是受家庭因素的影响。因此，父母要全程融入孩子的学习和成长中，要和孩子一起学习和成长，做负责任的父母。

父母与孩子一起成长，客观上体现了父母与孩子之间的相互理解，相互学习，相互促进和共同提高。从家庭教育理念的角度来看，父母与孩子一起成长，也是以变应变、与时俱进的表现。

父母要以身作则

父母就是一面时刻立在孩子眼前的镜子，你对孩子笑，孩子才对你笑；你对孩子好，孩子才对你好。孩子常常是通过"照镜子"的方式，在不知不觉中"修改"自己的言行的。

家庭教育是对孩子最直接、最经常、最深刻的教育，父母对孩子的影响力很大。17 世纪德国教育家福禄培尔指出："国民的命运，与其说是操在掌权者手中，倒不如说是握在母亲手中"。

在家庭生活中，父母和孩子的亲密关系，父母在教育孩子的过程中所居的地位和所起的作用，是其他任何人都无法取代和超越的。孩子自呱呱落地起，就生活在父母的身边，与父母接触最多、最广泛，父母如何工作、学习，如何待人接物……父母的言行举止都直接而深刻地影响着孩子。父母的品德好，就会对孩子产生好的影响；父母的品德不好，就会对孩子产生不良的影响。仔细观察每一个孩子，在他们身上，都会找到父母的"影子"。"近朱者赤，近墨者黑"，在家庭教育中，父母的一言一行都要给孩子做好表率。

榜样的力量是无穷的。好榜样是如此，坏榜样也是如此。

直到今天，李石头仍然恨着自己的父母，一次，妈妈跟爸爸提出带李石头去看望七十多岁的生病的姥姥，爸爸却说："有什么看的，你妈好着呢。"姥姥去世时，下葬那天，他爸爸又推脱说工作太忙，没有去参加葬礼。每次爸爸外出应酬回来后，常会骂爷爷，奶奶劝他每天早点回家，别天天喝得醉醺醺的，他会红着眼顶撞奶奶。石头 16 岁、18 岁时，爷爷、奶奶也相继去世了。

石头高中毕业那年，爸爸妈妈终于还是离婚了。正值 18 岁的石头，和姐姐双双养成了暴躁、叛逆的性格。姐姐有时生气起来，连爸爸都照样又打又抓。在石头的心里，也从未想过如何孝敬父母。一次，妈妈痛骂爸爸"负心汉"，石头听得心烦了，甩手给了妈妈一巴掌，在石头的心中，家就像地狱一样。他痛恨他的爸爸，讨厌妈妈。

从父母不孝顺老人，到李石头姐弟的不孝，真是令人悲哀。很多孩子不懂得体会父母的难处。其根本原因在于父母没有做好表率。孩子的成长是上行下效的过程，俗话说："喊破嗓子，不如做出样子，要想正人，必先正己。"家庭教育中，更重要的是父母自身要以身作则，用实际行动来影响孩子。有的父母教育孩子远离网络游戏，把重心放在学习上时，却在陪孩子做作业时，手机不离手。孩子"看在眼里、记在心上"，父母是孩子最好的学习榜样，孩子是父母的影子。父母的言行举止都在潜移默化中影响着孩子。

父母不是一个简单的施教者，而要首先成为孩子成长的榜样。什么样的父母就会教育出什么样的孩子。因此，父母需要检视自己的行为。

虚心向孩子学习

在孩子面前，我们总以师者自居，实际上，孩子的身上有很多闪光点，而这些闪光点是很值得我们大人学习的。

父母最大的心理障碍就是失不起面子，放不下架子。他们总认为，父母向孩子学习有失尊严、有失威信，是父母无知和浅薄的表现。这种理念导致的行动是，有的父母明明是自己错了，也要坚持到底，宁愿委屈孩子，也要维护自己的面子和权威。

在这方面，演员巩汉林就为大家树立了一个榜样。放得下自己做父母的架子，虚心向孩子求教。

巩汉林的儿子巩天阔，曾经有一年暑假一直待在家里打游戏机。尽管着急，但巩汉林知道，不能生硬地反对和强制儿子戒除游戏，否则将适得其反。

巩汉林觉得，掌握计算机该是件好事，只要父母引导得当，也许还会挖掘出儿子的潜力。后来，他给儿子报了一个计算机培训班，让孩子成为当时某大学组织的计算机夏令营中的一员。

天阔在夏令营里打开了眼界，了解到了计算机巨大的威力及其无限的功能。而且在学习过程中，他还掌握了很多有关计算机的知识和操作技术。最后，夏令营里组织了一个计算机设计大赛。凭借出色的设计和动感的画面，天阔在这次比赛中获得了大奖。在这次活动的鼓舞下，天阔开始对计算机产生了强烈的兴趣，同时也喜欢上了用计算机创作作品。

在以前，巩汉林要做海报或者处理一些图片的时候，都需要找人帮忙。现在，巩天阔已然成了这方面的高手，他慢慢地变成了巩汉林的"工作助理"。后来巩汉林也不禁技痒，他拜了儿子为他的计算机老师，开始虚心地跟儿子学起了计算机剪辑技术。在儿子的指导下，巩汉林也掌握了不少技术。

现代社会高度发达的信息网络，大大开阔了孩子的视野和知识源，使父母"知识传授者"的传统权威受到了空前的挑战。父母再也不能长期将自己置身于施教者这个固定位置，也不能把孩子只看成是被动的受教育者。

父母应有这样的意识：教育者与被教育者不总是一成不变的。当孩子遇到不明白的事情或出现错误时，父母通过教育让孩子明白事理，改正错误和改进缺点，这时，父母是教育者，孩子是被教育者。而如果父母发现孩子的长处和优点，自己却不具备时，父母应该虚心请教孩子，向孩子学习。特别是在知识爆炸、高科技迅猛发展的今天，更要提倡父母向孩子学习，而绝不能做孩子的"独裁者"。这就如同跨过一条河，当年父母走的是公路桥，而今天孩子走的是立交桥，桥发生了变化，两代人过桥的感觉也会有所不同。

其实，如果父母能平心静气地观察孩子，就会发现青春期的孩子身上有很多值得学习和令人钦佩的地方：他们乐于接受新事物和新思想，主体性增强，相信事实，有积极的生活态度，兴趣爱好广泛。加上在知识经济社会高速发展、互联网越来越普及的今天，知识来源也越来越多元化，孩子用几年时间就可以学到很多知识，因而他们身上蕴藏着可以影响成人世界的潜能。

现代社会是人与人之间共同学习、共同成长的社会，向孩子学习是每一个成熟与睿智的成年人的行为标志。而且由于知识更新的周期越来越短，孩子具有的创新意识与创新精神对父母的影响越来越突出，可以说，在这个时代，社会化早已呈现出了双向性：大人能够对孩子进行同化，孩子也可以同化大人。

韩愈说："师者，所以传道、受业、解惑也。"从中可以看到，能告诉你做人之道，向你传授学问，帮你解决疑难问题的人，皆可称之为师。

那么，向孩子学习，该学什么、怎样学？

向孩子学习，主要是学习其未脱离本真的优点，从而让自己受到其积极的影响。孩子对于成人的积极影响主要源自于两大方面：一是成人看起来并不成熟的社会性，原生命形态中还未受到社会不良习气污染的美好品质，孩子可贵的童真；二是孩子如今正在蓬勃发展的社会性，特别是那些与时代精神极为契合的社会性。

向孩子学习绝不仅仅只是一句简单的口号而已，正确的态度是将学习的决心落实在行动上，不要让自己囿于辈分、地位、年纪等各种因素，而在拉不下面子，不愿意去问。在信息时代，"不耻下问"的品质显得极为珍贵，只有那些不耻下问的人才能真正跟得上时代的步伐。

对话式的教育模式是基础。我们提倡的是父母与孩子之间的互相学习，在这种对话式的学习过程中，成年人可以使用自己比较稳定的价值观对孩子的情感与品质进行影响，能在情感理解力、情绪控制、表达方式等方面向未成年人提供有效的帮助，更可以在灵活运用高新技能与信息的基础上，以开放、宽容的姿态向孩子学习，从而使两代人共同成长的目标得以有效的实现。虽然代际差异永远存在，而且代际冲突也并不会因为对话而完全避免与消失，但是坚持进行平等的对话与交流，却会令成人与孩子之间的关系更加融洽。

总之，父母应虚心地向孩子学习，学习那些曾经拥有却又不知失落何处的东西……这种学习本身体现的就是成人如何对待孩子的问题，只有当成人懂得使用平等、尊重的态度来对待孩子时，才能做到与孩子平等交流、虚心向孩子学习。

向孩子认错并不难

世界上最难说出口的话，不是"我爱你"，而是"对不起"，尤其是当父母在孩子面前说错了话或做错了事的时候，是否有勇气向孩子认错，便成了考验父母的一道难题。

几乎所有的父母都会教育自己的孩子要勇于承认自己的错误，犯了错就得敢于承认，不要为自己找任何借口，谁都会犯错误，关键是要勇于面对错误并改正错误等。但有些父母自己错了，却不愿意在孩子面前承认，尤其是在误解或是错误地批评了孩子时，他们往往过于顾及自己的所谓面子，羞于说出"对不起"。

由于父母在孩子心目中的主导地位，孩子总是把父母当成榜样，并且时时处处仿照父母的样子去做。要让孩子从小学会坦然、勇敢、诚实，不妨从自身做起、从与孩子切身相关的事情做起。当父母对孩子做错了事时，不要死赖着不认帐，也不要"犹抱琵琶半遮面"，而是要勇于向孩子承认错误，让其认识到人的一生难免会犯错误，重要的是勇于认错。孩子学会认错就等于学会承担责任，学会诚实做人。

事实上，父母做错了事，敢于向孩子认错，不仅不会伤害父母的"尊严"，反而会使孩子感到父母更加可亲。

有一位妈妈，她答应给上六年级的儿子买一款新车模型，作为他 11 岁的生日礼物，只是当时觉得 200 多块钱太贵了，就没有答应儿子。可有天她忽然发现自己的钱包里少了300元钱，偏巧又在儿子的书包里发现了那款车模。虽然她问了好几遍，儿子都说没有拿她的钱，车模是一个同学的。她认为孩子在撒谎，怒气冲冲地摔碎了那个车模，还把孩子打了一顿。可是在这天晚上，当她和丈夫说起这件事时，丈夫说她错怪了孩子，钱是他拿的，因为着急上班忘记跟她说了。

她觉得心里很愧疚，就去儿子房间里，想给儿子解释下。她一进屋就看见，儿子砸开了自己的储蓄罐，正在那里一枚一枚地数硬币。她问儿子在干什么？儿子低声说赔同学的车模。

她看到儿子认真数钱的样子，眼泪一下子就涌了出来，她蹲下身子对儿子说：对不起，是妈妈不好，妈妈错怪你了，请你原谅！没想到儿子很大度地说："没事儿！你打我几下不要紧，只是以后你别摔东西了，我还得赔给人家……"她的脸顿时就红了，顿时把孩子紧紧地搂在了怀中。

父母做了错事，尤其是在对待孩子的问题上，如果有错，一定要认识到自己的错误，孩子有权利接受家长的道歉。给孩子道歉，让孩子懂得承认错误并不是一件可耻的事，每个人都可能出错，错误是可以改正的。这样，孩子才会在今后的学习中不怕失败，更有信心。给孩子道歉，让孩子尝到原谅别人的滋味，能培养孩子的正义感和宽容心，更有利于孩子的健康成长。给孩子道歉，会让孩子由衷地敬佩父母的气度和修养，会让每个父母得到孩子发自内心的尊重，从而使孩子更加信任自己的父母。

其实，只要敢于向孩子认错，不但不会降低威信，反而会提升威信。美国心理学家罗达·邓尼说过："父母错了或违背自己许下的诺言时，如果能向孩子说一声对不起，可以帮助孩子建立自尊，同时能培养孩子尊重人的习惯。"真诚地向孩子道歉，不但不会影响家长在孩子心目中的形象，还能使孩子加深对父母的了解和爱慕，也会使孩子感受到家长知错就改的良好品行，有助于家长和孩子建立一种坦诚相见的朋友式关系。

父母在向孩子认错时，要注意，自己道歉的态度很重要，不能太过于生硬、轻描淡写。否则，这些错误的态度，即使道歉了也不能挽回什么，只会加深误解，因为孩子是十分敏感的，很容易就能意识到父母是不是在敷衍。因此，父母应用真诚的态度来道歉，不要碍于面子或者身份，不愿意对自己的孩子道歉，或者只是略微地说一下。

同时，要想让孩子从心理上接受父母犯错误的事实，必须与孩子多交流。通过交流，让孩子知道父母也是会犯错误的，但是，自己决不是故意要伤害孩子的感情，而看到孩子的感情受伤，自己实则也很内疚，孩子只要感受到父母的悔过之情，自然就会理智地对待犯错误的父母了。

父母勇于向孩子认错，这是一种无言的人格力量，对孩子的一生都有着深刻的影响。

正面管教的教养艺术

正面管教是理解、鼓励和沟通。我们经常说，教育孩子要正面管教。正面管教是一种积极的管理理念和方式，是一种既不惩罚孩子也不骄纵孩子的管教方法，是对孩子最好的教育。孩子只有在和善的气氛中才能培养出自律、合作的态度，才能真正地服从。

正面管教与传统的管教方式不同。传统的管教方式中，父母常常运用权威去压制孩子，只看到孩子淘气、对抗自己，却很少搞清这些表象后面深藏的内因，父母总是以命令的口气要求孩子按照自己说的去做，却很少去尊重孩子，了解孩子，动不动就是指责、惩罚、呵斥，很少以朋友或同辈人的身份去和孩子沟通交流，结果，孩子不但不听话，还和父母对抗。

正面管教，强调父母要用一种朋友的身份去和孩子说话，用一种引导者的身份去和孩子相处，不要总是摆出一副高高在上的样子，要学会"蹲下来"和孩子说话，尊重孩子，倾听孩子的心声，这种教育方式可以让青春期孩子的家庭教育变得简单、科学而更有效率。正面管教的工作可按以下几个步骤来实施：

第一，制止孩子的"消极行为"。首先，父母要学会委婉地要求你的孩子不再重复那些让你厌烦的事，如纠缠、哭闹、打架等。

第二，激励并延长孩子的"积极行为"。学习几种有效的手段，让你的孩子可以按照你的要求做事，如收拾东西、打扫房间、完成功课、按时就寝等。

第三，拉近你和孩子之间的关系，巩固加深你们之间的感情。父母与子女拉近距离的最快方法就是交流。

一些对青春期女孩有效的管教方式用于青春期的男孩可能会毫不奏效。因此，对于青春期男孩，应该更多地进行正面管教。例如，给孩子立规矩，进大学前不许谈恋爱，玩手机游戏每天不允许超过一小时，等等。

理性认识孩子的决定

　　青春期的孩子常常会做出一些决定。孩子的种种表现，让父母不得不承认，孩子真的长大了，开始有了自己的想法和判断，正是因为他们能够自己做出决定，孩子才敢于质疑父母、老师等权威，并希望自己决定自己的事，不愿意父母再来干涉。也正因为如此，孩子和父母之间也开始有了隔阂和分歧。

　　刘燕非常想考北京大学，而在填报高考志愿时，她却报了北京师范大学。原来，父母与她一起对历年北京大学招生的分数做了分析，发现凭她的分数上不了北大。结果正如刘燕预测的，她顺利考入北京师范大学。大家都很佩服她的理智和眼光，这其实都是父母在背后一再叮咛，要她考虑好再选择的结果。

　　孩子在做事情时，父母不能强行命令孩子按自己的要求去做，不能替孩子决定他们的事情。但父母要让孩子用冷静的头脑对待问题，在做决定前考虑好决定可能带来的结果。一旦做出决定，就要对自己的选择负责。父母可以说出自己的想法，提出自己的建议，但不要替孩子做主，应该让孩子自己做决定。这样孩子开心，做什么事情也会努力，更容易获得成功。

　　自主决策是青春期孩子成熟的重要标志。这些决定对于他们的成长非常重要。青春期早期的孩子在许多问题的决策和认识上仍然存在一定的不足，如目标不清晰、缺乏选择的方案、缺少检验决策结果的方法等。随着成长，他们对一切事物逐渐有了自己的观点和主见，已经能很好地理解决策的各种行为和内容了。

决策力是孩子成人后重要的生存能力。研究表明，富有决策力的孩子，长大后经常更有决断力和选择力，更多地走向领导岗位。因此，父母多给孩子决策的机会，让孩子学会做出选择。

首先，父母要理性认识孩子的"成人感"。父母总是想把孩子纳入自己所设计好的轨道。而当父母的想法和理念与孩子的思想和需求相悖时，便会产生碰撞。然后父母就认为是孩子在学"坏"，孩子变得叛逆，却不曾想，青春期的孩子正在摆脱对成人的依赖，开始步入成人的世界，孩子的自我意识中有了一种强烈的"成人感"，有了自己的主见。这种"成人感"会支配孩子的一言一行，使其做出各种"叛逆"的行为。如果孩子"成人感"的出现与父母的"你们还是孩子"的观念发生冲突，孩子会受到挫折和压抑，就会以粗鲁、固执、不听话、孤僻等方式来进行反抗。这会影响其个性发展。

所以，父母对孩子青春期的叛逆要正确对待，不要一味地把孩子当小孩来看，总是以父母的姿态压制他们，该管的管，不该管的就立即放手。越早放手，孩子成长得越快。

其次，父母要尊重孩子的独立性，支持孩子自己独立决策。实现独立性是青春期孩子成人之路的重要内容。让青春期的孩子参与决策，是父母应特别关注的内容。为了使孩子顺利、成功地走好这条路，孩子不仅需要大量地尝试新事物，还需要父母悉心地指导，支持孩子走向独立自主、独立决策。父母可以作为旁观者，适当地做些指导。这是培养孩子决策技能的有效方法。例如，一起讨论选择将要报考的学校，一起策划奶奶的六十岁的寿辰庆典方案等。

最后，真正尊重孩子的选择。青春期的孩子应该享有自己做选择的自由。如果你替孩子做出选择，就剥夺了孩子的自由。对于孩子的决定，父母要善于包容和理解，切忌全权代劳，替孩子做决定。父母要循循善诱地引导孩子做出正确的决定，培养孩子自主决策的习惯。父母可以把对问题的分析和见解坦诚告诉孩子，至于应该怎么做、做成什么样，那就是孩子自己的事。父母应该尊重孩子的决定，相信孩子有独立解决问题的能力。即便是孩子的处理方式有些不妥，父母也应该尊重他们，并在适当的时候给予一些帮助。父母不要总端着架子，对孩子指手画脚。无论孩子做事是对还是错，父母都要正视，以平等和民主的教育方式消除孩子的逆反心理。